黃越綏的解憂攻略

換角度看人生，轉個念心境開

目錄

:: 人生相談室 ::

黃越綏特別開講 Q&A

輯一

心境開闊就自在

”要讓自己活出自在的最佳武器，就是心態、腳步與方針的調整。天下沒有真正解決不了的事，只有饒不過自己的那道鴻溝，與作繭自縛的鑽牛角尖罷了。“

鼓勵失業勞工

台灣經濟開始走下坡，最受影響的就是占就業人口最多的勞工們，企業紛紛祭出無薪假和裁員潮。

在搭乘高鐵往返南北的途中，竟然分別遇到兩位粉絲，不約而同地問及此問題。藉此提出幾點意見，老話一句，願我主觀的看法供你客觀地參考。

一、遭到裁員而失業是無奈的選擇、卻又必須面對的殘酷事實。因此要作心理建設，告訴自己，失業只是職場上讓人挫折的失望，但絕不是對生命最終的絕望。因此要相信自己，留得青山在，不怕沒柴燒。

二、天無絕人之路，良禽擇木而棲；此地不留人，自有留人處。不妨趁機讓長期疲憊的身心放鬆、度個假，再投石問路、寄出履歷表，同時不要太介意他人異樣的眼光，也無須做太多無謂的辯解，總之生活是自己要過的，自由自在最重要。因為太多的罣礙只會讓憂鬱症找上門。

三、雖說滾動的石頭不長苔，但面對無預警的失業時，不妨嘗試給自己和別人新的機會和希望。更換跑道或重新來過，在適應上總會遭遇到不同的困境，但勇往直前就是更上一層樓的實力培植。

四、最重要的就是要保持正面思考、樂觀進取，不要自怨自艾或怨天尤人，人生總會有意外，而意外的人生才能讓生命活出價值。

孤獨與寂寞

經常有人問我為何總能神清氣爽。其實沒有撇步，如何做好自己的角色定位罷了。我是個認命、但不相信宿命的人，這其中有何不同？前者是認清事實、勇往直前，而後者則是消極地依賴運氣。前者的態度是人助而天助，而後者則是天欲亡我、非我之過。前者是抉擇後不反悔，後者是凡事自怨自艾。

價值觀沒有絕對的對或錯，只是角度迥異，因此才有「志同道合」與「道不同不相為謀」的喟嘆。在現代的人際關係中，不妨用學習的態度來欣賞別人出色之處；相對的，也可以用包容的雅量來寬待與自己的不同，或是不如己者的愚笨。

孤獨和寂寞是兩種並不衝突的情緒感受，有時高朋滿座，卻找不到知音，讓你不孤單卻寂寞不已；同樣的，你疲憊了一天，獨自一人回到家裡，沖泡一杯茶或咖啡，播張唱片或讀本書，放鬆自己，看起來你是孤單的，卻一點也不寂寞，因為你正在享受孤獨。

因此要讓自己活出自在的最佳武器，就是心態、腳步與方針的調整。天下沒有真正解決不了的事，只有饒不過自己的那道鴻溝，與作繭自縛的鑽牛角尖罷了。退一步未必海闊天空，但至少給自己多些空間來省思人生。

幽默人生

有位老朋友請喝春酒，旁座一位來賓突然問我以下問題：「妳怕不怕老？」我回答：「在不知何謂老的情況下，不知不覺中就老了。」她又問：「那妳打算如何面對老？」我再回答：「就如同面對日出和日落。」

「那就是平常心囉？」她追問。我仍然耐性反問：「難道不是嗎？」

「那妳怕不怕死亡？」

「我想這是廢話！」我終於露出我的本性回應。

她呵呵笑著說：「這是個測驗，而妳的回答正代表著妳內心世界對老和死亡是不願意正視的。」

我也不客氣地告訴她：「老是常態，無人可免，而死亡則由不得自己。不知妳有何高見？」

對方思索一下，接著說：「我不怕老，因為可以整形，我也不怕死亡，因為我已自殺未遂死過好幾次了。」

事後，老友私下跟我說：「哦，我忘記告訴妳，那天坐妳身邊的是我的小姨子，不知道她有沒有得罪妳？」

「還好，有什麼不對嗎？」我不禁好奇地問。

「她精神有問題，長期在服藥。」朋友為難地補充。

「我竟然可以如此自在地跟一位精神病患正經地談論生死，恐怕該服藥的是我。」

老朋友乾笑一聲：「也許吃藥的總是把沒吃藥的當病人看吧！」

那天，志工傳來笑話一則，如下：

計程車司機跟乘客說：「我有房子、車子，自己當老闆，除非天王老子，誰也命令不了我。」乘客說：「前面左轉。」司機說：「好的。」

可見活在這人世間，不同的人生觀點都有其存在的意義和價值，誰也沒有比誰高明多少呀！

從心歸零

那晚，不！正確地說，應該是凌晨，我冒著傾盆大雨前往教育電台，上金鐘獎得主常勤芬主持的《從心歸零》的現場節目（十二點到一點），用「風雨故人」來形容我們倆，一點也不為過。

兩個加起來已超過一百歲的老女人，一前一後、戰戰兢兢地摸黑穿過水深及膝的停車場，雖有撐傘，但從錄音室返回家裡已是全身溼漉。才進家門，赫然發現我住的超齡老國宅已多處漏水，地板上一大片的雨水漬正不斷地擴大版圖。光是要接漏水的塑膠桶子就需要好幾個，擦拭和吸水用的舊報紙更不能少。好不容易安頓好一切，再洗個熱水澡，爬進被窩閉上眼，已是三點後的事。

豈料隔天凌晨八點二十一分，從睡夢中被搖晃驚醒，原來是地震！花蓮地區強震五點九級，深度十八公里。從此再也沒有睡意了，於是泡杯咖啡，與豪雨抗衡，順便回應聽眾的問題——如何做到從心歸零？

我個人主觀的看法是，除了初生的嬰兒身心均尚未受到汙染才有可能，一般世人密密麻麻的心思要想沉澱都已相當困難，更遑論當作什麼都沒發生過？不過「歸零」的態度仍有用意，過去種種就讓它過去，現在、此刻經歷的，則要正視與把握。「歸零」的態度可說是一種對未來懷有期望的正向態度，同時也更是一種謙卑的自省態度——放大世界而縮小自己。如果能常保赤子之心，過著簡單、不貪婪、不依賴物質慾望的生活，便能在平常心中自然領悟出自在的心得。

當一切歸零，不論是重新來過，還是回到原點，踏出的每一步都是新希望。

人生兮扁擔

最近ＦＢ網友私訊求助的內容，仍以失戀、婚變、事業失敗、青少年子女出狀況等問題居多。

但令我心情比較沉重和訝異的，竟是很多來信者均表示有輕生的念頭，似乎大家都認為活著很辛苦、壓力很大、看不到希望、更覺得前途渺茫。

雖然來信均屬個案，卻讓人對台灣這個國家的發展堪憂。看到愈來愈多的年輕人畢業找不到工作，縱然有，也是低薪、毫無保障；中年失業更比比皆是，而老年人除了少數族群外，幾乎都不知道能不能保住棺材本。以前我們都用鄙視的眼光來看外籍移工，曾幾何時，台灣的年輕人也愈來愈多都單身或攜家帶眷地紛紛往中國任職，或到澳洲打工、甚至到菲律賓賭場當發牌的荷官……。

但不論生活有多麼不容易，也一定要勇敢地活下去。天生我才必有用、一枝草一點露，這些或許都是老生常談，但只要是人，就必須學會在順境中暢懷、在逆境中擦乾眼淚，人生起伏本來就無奈，唯有活著才有力量。以下收錄我創作的台語詩，與年輕人們共勉之。

〈人生兮扁擔〉[1]

人生可比是一支長長兮扁擔
一頭擔蔥賣菜，另外一頭是目屎流
用無價兮青春將時間來偷

多少委屈佮心酸更加無底掏[2]
打拚兮日子轉來旋去毋知老
只仰望一家大小平安，子兒有出頭
惦佇欲離開故鄉兮港口
我悲從心來頭一擺放聲大哭
沉重兮行李裡面裝兮攏是父母兮老
毋知何時則會成功將艱苦一路掃
啊，人生是一支沉重兮扁擔

1 兮（發音ㄟ），的。佮（發音ㄍㄚˋ），和。佇（ㄉㄧ），在。

2 掏（ㄊㄠˊ），無法宣洩之意。

老得自在安心

俗話說：少年不知老將至，而老了不期遇閻王；同樣的，事非經過，不知難也，唯有親身的體驗最真實。人在歲月中各有不同的角色扮演，在悲歡離合的戲碼中輪番上陣，不知何時憩腳。

童年時，不曉得有多少次在夢囈中都渴望著變成大人的美夢，加上「只許大人放火，不准小孩點燭」的管教壓抑下，「轉大人」也象徵著個人對生活的實質權力掌控。

好不容易熬到了成家立業，卻在家庭、職場兩頭燒，又開始羨慕起前輩退休後遊山玩水和含飴弄孫的自由自在，恨不得自己趕快變老，好提前退休。可是，以上這些情境都是人在困境或焦慮下的情緒投射罷了，因為與白日夢划拳終究是沒有輸贏的回合，生命的軌跡絕非一蹴可幾，更無法真正達到心想就事成。

只是當你歷經千辛萬苦，好不容易才想通了一些人生哲理，而比較能學會放下時，卻在某年某月某日突然被迫收下一張「老已至」的通知單，才驚醒怎麼一轉眼工夫竟然已由稚髮變白鬚！更悲傷的是，自己居然也不願、不敢與鏡中的自己相認，只因情何以堪呀！

儘管看遍了大自然中春、夏、秋、冬四季的替換，也看盡了人生百態與因果循環，但唯一從未放在心上的一件事，可能就是終有一天我們不得不面對自己正在老去的事實，縱使整了形，還是逃不了。

一向自信又充滿活力的我，在二〇一二年因年齡已滿六十五歲，而拿到了政府頒發的乘公車免費、搭高鐵半價的優待證明時，倒也沒有特別歡欣或沉重的感想，因為一旦已有了「接受」的心理準備，各種負面或不安的情緒早就被理性跨越了。

倒是我同齡的朋友們有著不同的反應。一位形容他的心情好像是被銬上了腳鐐的囚犯，正領取上斷頭台的名牌；另一位則形容她像是擺脫囚籠、手中多了張優待券、可以到處自由飛翔的鳥兒。不論如何，他們當下的內心也矛盾著，總覺得自己又不老，也有經濟能力承擔，幹嘛還要浪費這種社會資源呢？

後來才發現，原來面對「老」這檔事，承認與否，居然並不是由你掌控。人到底是群聚的動物，在由不同性別、年齡、身分、背景共同組成的社會結構裡，老人就是其中一個具有明顯指標和定義的「族群」代表，它是每個人都必然要經過的驛站與關卡。

事實上，抱持不服老、不願老、不知老的心態，都是人之常情且不足為奇，無法逃避的老化事實，提醒著自己和生命拉距的時間正在縮短，這種無形的壓力對任何一位年長者而言，都是時時刻刻存在、不容忽視的威脅。因此，如果能在中年階段就已經為迎接老年而做好準備，或是邁入老年階段而已能在身心各方面均做好調適，自然而然地就能怡然自得地擁抱燦爛餘暉的生命，並融入大自然的定律中。

曾有人喟嘆：男人的青春在口袋，而女人的青春在臉上。再糟的老頭只要身上有錢，進入風花雪月的場所，那些各個年紀足以當他孫女輩的鶯鶯燕燕們，無不左一聲大哥、右一聲親哥地叫不膩；而對於上了年紀的女性，則以「薄茶、冷酒、老女人」等稱呼來冷嘲熱諷。不過他們忽略了，其實在一些專門針對女性「服務」的場所裡，那些牛郎們也早已依樣畫葫蘆地尊這些年紀大的女恩客們一聲「姐」，來取代現實生活中應稱呼為「姨」或「嬤」的尷尬窘境。

但，凡事到底真的假不了，而假的終究也騙不了，與其用金錢或買醉來逃避現實，不如學習如何正面看待老化對自己餘生的挑戰。況且在世代交替的浪潮裡，最不能缺乏的就是寶貴的經驗傳承，它不僅是個人資產，更是社會共同擁有的美好資源。因此，你我均應以勇敢、積極、樂觀、自在而不缺席的態度來共勉之！

寬恕後，才能自由飛翔

每個人的生命史都有屬於自己說不完的故事，再平凡的人也有其自認為不平凡的體驗。

我們常會調侃人一旦年紀大了，記憶力會愈來愈差，所以經常會出現類似現學現忘的困擾。但說也奇怪，反而愈是早遠的陳年往事，卻像烙印般，還牢牢被自己記住。

印象深刻、感同身受、耐人尋味或發人省思，常是故事動人的重要元素。例如像浪漫的羅曼史和驚悚的靈異故事，為何能攻占市場、歷久不衰，就可理解一二。因為真愛不易求，而對死亡的恐懼投射乃人性的脆弱，激勵的故事往往會令人熱血澎湃，而悲慘的故事則容易為之掬一把淚。

以下故事，發生在我的熟年朋友身上，我想他們精彩的人生故事足以和大家分享，但為了尊重當事人，暫且隱其名。

Ａ君是一位白手起家、相當出色的女企業家。她三十六歲結婚，四十歲才為人母。

步入晚年，很多人難免會心生「夕陽無限好，只是近黃昏」之慨，但歲月不饒人又能奈何？因此大多數的長輩們都是以自求多福的心態面對往後年老的人生。故事中的女主角，她何曾不是節奏井然地規劃著自己的人生？可是生命劇本不到最後一刻，「出乎意料」總是在一旁窺視。

就在她五十九歲生日後不久，一次意外的車禍竟使她半身幾近癱瘓，從此人生開始跌入谷底。剛開始，丈夫基於一路共同打拚事業的感念之心，不離不棄地照顧，而子女們放學後也都會陪伴她，讓她尚感慰藉，並開始投入復健。

但好景不常，幾年過去後，她也面臨了夫妻大難各自飛、久病床前無孝子的困境。起先是丈夫在友人的慫恿下進軍中國市場，不久後就傳來他在當地包二奶，且老來得子的壞消息。從此，丈夫很少回台灣，到最後音訊全斷，私底下更有計劃性地掏空公司的財產。這一連串始料未及的惡意打擊，讓她在憤怒、不敢置信、不甘心、惶恐又無助等負面情緒中沉溺，加上病痛不斷折磨，女強人終究難逃崩潰、憂鬱、頹廢的宿命，曾數度想用自殺的方式結束自己的生命。

由於她身心俱疲，也完全疏忽了一對子女的無奈感受與挫折反應，導致兒子嗑藥染毒，而女兒上網援交、懷孕又墮胎，這些事情她全都被矇在鼓裡，直到學校老師和警察找上門。因為她對餘生已失去鬥志，對未來不敢再抱有任何希望，所以企圖用鴕鳥心態來逃避現實的殘酷。

直到有一天，在她自殺未遂、被救活之後，她虛弱地睜開眼睛，映入她眼簾的，竟是兒女們焦急地緊握她的手。女兒失聲痛哭：「媽！你們為什麼要生下我們呢？要死就讓我們一起死吧！」

她回憶當時女兒激烈絕望的哭訴，以及兒子一臉失神的茫然，她突然如雷轟頂，內疚得無地自容，不僅全身顫抖，且心痛到快要窒息的地步。經過輾轉幾夜痛定思痛後，她除了向兒女真摯地致歉外，更下定決心要東山再起，除了必須更加努力外，更需要兒女們的同心協力。

最後，她認知到造成自己意外不幸的兇手不是丈夫，丈夫只是意志薄弱、薄情寡義，他的作為也不是她能掌控的。為了不讓自己的情緒再度受影響而裹足不前，她最後決定要用原諒與寬恕，來擺脫內心對恩怨情仇的糾葛，並鼓勵自己要用最堅強的恆心與意志力來趕走病痛帶來的軟弱，無論如何都要盡快讓自己重新站起來，早日重建一個溫暖的家還給兒女。

當她委託律師，主動與丈夫談判離婚條件的同時，她也著手申請新公司，並在親朋好友的強力支持下東山再起，最重要的是她克服了雙腿復健的艱辛，恢復了健康。

轉眼十年過去了，在她就要邁入七十歲的關卡前，她獲得亞洲傑出女企業家的獎項，在五星飯店盛大地開了一個生日派對。一頭白髮，不坐輪椅，而是由她貼心的兒女攙扶，慢慢地步上講台，參與來賓全場起立，並給予最熱烈、溫暖及肯定的掌聲。

她用「浴火重生」、「刻骨銘心」、「冷暖自知」來形容她是如何走出棄婦、怨婦和愚婦的心路歷程。她的感恩致詞中，有一段話我覺得很值得分享：「只有勇敢地拿掉別人加諸在你身上的壓力，才有機會看清自己真正的重量。也唯有真正跨進寬恕的門檻，才能讓自己更自由地飛翔。」

當年歲末，我接到一張她寫給我的賀年感謝卡，裡面還附了一張高額的公益支票。

與慢性病和平共存

在華視錄「前進高齡」的節目時，由於高齡體衰，加上長期失眠，導致免疫系統極差，而二十年前就已驗出我的腮腺阻塞且已鈣化，因此稍累或感冒，馬上就會引起腮腺炎發作。

有一天早晨醒來，突然發現整個臉腫脹得像麵龜般，也因此引起了不知情卻觀察入微的網友們的關心，有人勸我該減肥了，也有人更冒昧地直問我幹嘛去打玻尿酸？

其實減肥對我而言已沒意義，既然民以食為天，辛苦賺就得快活吃。整形就更沒有必要了，憑我又老又醜只差沒禿頭的長相，居然還可以不定時出現在電視上嚇人，也算有達到勵志的效果。

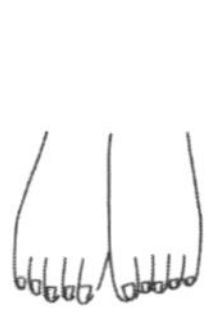

我並不是刻意要假清高，過著簡樸的生活，而是有些生活習性懶得改變罷了。很多人也會好奇問我是如何保養的？其實我真的從不保養，而且數十年來每天都只善用一塊水晶肥皂，完成洗頭、洗臉、洗澡和洗衣服的一貫作業。

幸運的是，好朋友會送我不同的化妝品，因此我的臉是國際牌的競賽運動場，手邊有什麼就塗什麼，用完了，也從缺不補。

如果整形能帶給自己信心，那麼就去找個良醫給自己改變的機會，如果你覺得化妝是一種禮貌，那就粉墨後再登場吧！如果你覺得淨白的臉就是最自然的呈現，那就堅持吧！

年過中年，由於壓力和基因的關係，幾乎每個人身上都有些慢性病，它也許不是明著來的殺手，但絕對是善於暗殺的忍者。因此奉勸各位，除了就醫外，還要學會與之共存、隨遇而安的平常心，否則只會自討苦吃。

豈能落於流氓之後

利用過夜及搭乘高鐵來回的時間，我讀完了由臺灣商務印書館出版的《優雅的告別》（*A Good Life to the End*），是本值得推薦的好書，作者肯·修曼（Ken Hillman）是澳洲加護醫學科醫師，也是大學教授，根據他的臨床實務經驗及實例見證，教人如何勇敢面對衰老與死亡，並學習放手，誠實看待臨終。

好友奇怪為什麼以前的我總強調將來的喪禮要愈簡單愈好，可是最近卻大張旗鼓，逢人便告知未來的追悼會要擴大舉行？其實我是被黑道大哥們的喪禮愈辦愈浮誇所刺激，心想不幹好事的人都可以如此囂張，我豈能落於人後？

所以在此預先公告並懇請各位，哪天我走了，大家一定要來替我衝人數，否則將來上天堂的都是流氓，而做公益的只能下地獄了。

「然後呢？」

現在很多年輕人在講話時，最喜歡使用的語助詞大概就屬「然後」了。

有一天我在美容院燙髮的時候，剛好遇到一位熱心的朋友，她跟我遊說：「咱們上了年紀的女人一定要懂得保養和修護，尤其像妳經常在螢光幕出現的人。」然後呢？「要有社會責任啊！妳是公眾人物，有義務把妳的臉弄得比本人更年輕、更好看。」然後呢？「所以我可以介紹妳到我常去做微整形的醫美診所。」然後呢？她不厭其煩地接著說：「這麼一來，製作單位就比較想請妳去上電視呀！」然後呢？她接著說：「妳的ＦＢ就能擁有更多的粉絲囉！」

我終止了「然後」，直接回她：「謝謝妳的建議，很受用，可惜目前我還不覺得有必要。」

事實上十多年來，有不少的醫美診所主動要為我免費作微整形，順帶為他們代言廣告，均被我婉拒了，況且以我的高齡，目前仍能擁有上萬粉絲，已夠心滿意足了。再說，通常都是我放棄上節目，並非沒有機會接到通告。

老化是生命過程中的常態，我是不會反對透過整形來讓自己變得更年輕、更美、更有自信，只是我個人選擇了坦然面對。

追思是心意，而非形式

清明節掃墓祭祖的習俗，意義在於慎終追遠，也就是吃水果要拜樹頭，莫要忘本。由於它是舊農業社會的產物，加上受到傳統儒、道家長期的薰陶與影響，還有民間傳說的報應輪迴論，導致掃墓也成為子女是否孝順的道德評比項目。

時代在變遷中，前人因迷信風水說，堅持人死必須入土為安而喜採土葬，但在人口膨脹、寸土寸金、講求環保的時下，現已多採火化方式，將骨灰安置在靈骨塔中。

祭祖掃墓其實也考驗著人性的弱點。不掃墓，怕祖先會半夜託夢，追究不孝、累及子孫；但若不做好環保措施，一旦貼在墳上的壓墓紙及燒香的冥紙著火了，可能來找你算帳的換成環保局。

我個人覺得生前盡孝比死後重排場來得有價值。在陪伴父母親晚年的那些歲月裡，我就曾坦率地稟告他們，一旦送終的公祭儀式結束後，我不會刻意選在清明節掃墓，而是當我思念他們的時候，隨時都會到安置他們的靈骨塔去追思一番。同樣的，我也交代兒媳，將來不用掃我的墓，只要用心遙祭即可。

真愛是永恆的追思，不必太在乎形式，若是有墓則堪掃，切莫讓祖墓荒蕪長滿了草。

心圓人團圓

有兩句成語是和逢年過節與壓抑情緒有關的，一句是「每逢佳節倍思親」，另一句則是「近鄉情怯」。

一位剛喪偶的朋友告訴我，她選擇帶著子女出國散心，既不想跟夫家或娘家的人吃團圓飯，也不想面對太多關懷，更不想繞著重覆的問題打轉。

另一位剛離婚的死忠粉絲則告訴我，從此不用再為夫家辛苦張羅過年祭祖等瑣事，是她離婚後最開心的事情。

小孩期待過年，青年不在意過年，中年則年年難過也得過，至於老人家則往往怕過不了年。

節慶是在演繹人情世故的儀式，不用太拘於形式，但也不必太飄逸脫俗，到底世間凡人多，不沾俗氣也難成仙。

過年過節不論氛圍是否盡如人意，但至少有活著的存在感，也是一種小確幸。可惜很多單親總會覺得自己是缺了角的家，不再圓滿，更沒有資格談論幸福，於是在選擇逃避的過程中硬生生地把自己變不見了。

其實這是極為無聊的想法，因為缺陷本身也是一種美，當你缺乏安全感的戒備像天羅地網般地籠罩著自己和整個家時，過年不再是值得慶祝的節日，而是生活不順遂的嘲諷。

過年不就是一天嗎？不，它不只是一天，而是一年三百六十五天平安結下的果實，它讓你有機會再反省、思考和憧憬。

縱使過年真的就是一天，那為什麼不開心地迎接和珍惜？團圓本身並不圓，圓的是內心。

輯二

屋簷之下：家庭與親情間的百態

”家庭像巢，兒女像鳥，父母像樹，手足如枝，鳥大離巢，樹大分枝，乃人倫常態，也是人生的過程。“

黃老師在父親節前夕
給為人子女的一封公開信

親愛的孩子們：

我們都知道，若能同時擁有父親與母親的關愛，是子女們最大的願望，也是幸福所在。

但在瞬息萬變的生命裡，許多東西如健康、快樂、幸福、美滿等，有時候不是你想擁有就能擁有，何況是真正的長期擁有。因此珍惜現在所擁有的一切，就是留給日後失去或不再擁有時藉以回味的美好記憶。

適逢一年一度的父親節即將來臨，何必非得等到父親節當天，或是還要靠家人或商店的促銷廣告提醒，才能讓你應景地傳給父親一則「祝您父親節快樂」的簡訊？或是很臨時地選一件正在打折的領帶、手帕、襪子等，用以聊表為人子女的孝心？

父親一向是家中不可缺席的重要支柱，他總是早出晚歸，為一家溫飽而打拚，事實上，你對父親的了解有多少？你可知道他最想得到的禮物是什麼嗎？你可曾在每天出門前給他一個擁抱，或在他回家後親手奉上一杯茶水？當然，你可會主動告訴他，你有多愛他？

這些為人子女在日常時應盡的孝道與關懷互動，根本不需要花錢，只要有心與力行則足矣！

如果不幸你已失去了父親，雖是遺憾，但終究是另類成長的考驗。不妨在父親節時，再用力地把母親摟入懷中，由衷地感謝其母代父職的加倍辛苦。

一位孤兒曾感慨地說：「真羨慕別人在父親或母親節時，可以寄送親筆寫的卡片表達感恩和祝福。」

真愛從來不是以金錢作為衡量，而是適時付出的溫柔與體貼。

廢除排名制度

據說網路上正流行一個話題，討論以前班上倒數第一名的學生現在到底在幹什麼？結果電視節目《大學生了沒》便邀我談此議題。

其中主持人陶晶瑩問我會不會接受自己的小孩是班上倒數第一名？若為討好製作單位或觀眾，我大可矯情地說當然可以呀！但站在家長的角度，哪個父母親不想望子成龍、望女成鳳？所以我是不能也不會讓我的子女變成班上最後一名的。

節目中找來了多位以前是倒數第一名的學生，而如今均在各行各業中有優異成就的人，其中兩位更進入博士班進修。他們都在節目上分享了成長過程中受到同儕、師長及家人排擠與歧視的心情故事。

事實上，學生對學校、上課、做作業會產生恐懼、排斥、拒絕、反抗的心理，只能說是冰凍三尺，非一日之寒，不是三言兩語就可以探討出前因後果的。

大部分覺得自己天生不是塊讀書料的人，並不是因為他資質愚鈍或能力差，而往往是家長或師長們的疏忽。既然天生我才必有用，那麼影響人格發展的三大教育領域——家庭、學校及社會，均不可不負責任。

有些孩子對某些事務的認知及理解程度開竅得慢，需要給予時間調適；有些漫不經心、集中力較差的孩子，則需要更多耐心的陪伴；對於明知故犯、調皮搗蛋的孩子，更需要有原則的包容。理解、陪伴、包容，就是因材施教、有教無類的教育精神。

曾經跌倒才知痛，書到用時方恨少。立志要洗刷失敗（倒數第一名）的失落感、奮而努力、最終出人頭地者，是勇者的表現，但到底不成比例，因此被糟蹋、導致自暴自棄、淪落歧途、為非作歹者，仍是多不勝數。

學生的主要任務就是學習與合群，成績僅供參考用。若真有心要避免第一名的傲慢和最後一名的自卑，學校有一件事可以改進——就是廢除排名制度。據說已經有些學校在著手廢除排名制度，幸哉！

尊重與祝福

獨自坐往台南的高鐵上，才啜了一口黑咖啡，突然有位打扮時髦、年約三十左右的都會女性逕自在我的鄰座坐下。我本不以為意，但過一會兒，她突兀地移動了她的坐姿，並呈現半蹲半跪的狀態，接著緊握著我正在 iPad 上玩遊戲的右手。這個意外動作讓我著實嚇了一大跳。

毫無疑問的，她是我的粉絲，她難得有機會能與我比鄰而坐，而更重要的是，她希望我能為其解惑也。

她的問題是，她和弟弟由母親獨自含辛茹苦地撫養長大，一向中規中矩的母親，突然在幾個月前經友人介紹而認識一名男性，進而墜入愛河，令他們姊弟十分困惑與不安。

我問她：「妳和妳弟弟將來有沒有結婚成家的打算？」她點了點頭。我再問：「你們各自都要結婚，為何唯獨妳媽不能再婚？」她說即使他們姊弟各自成家，也還是會好好孝順母親的。

什麼叫作孝順？就只是物質上的滿足無缺嗎？讓她守著空屋，像隻看門狗？當女傭煮好飯菜、等待子女下班後回來賞臉？還是幫忙完女兒做月子，接著又輪到去兒子家帶孫子？

母親也需要愛情的滋潤，貼心的兒女是順母意而非照己意呀！因此祝福是我給她的處方箋。

親子教養的智慧

大多數的亞洲父母親在親子與親情的關係上，因掙扎於西方的民主開放及東方傳統的權威之中，基本上教育觀念往往是被扭曲的，導致兒女們即使都已長大成人，做父母的依然介入與干涉他們的人生，不論是升學、就業、戀愛、結婚、生育等重要階段。

事實上，西方的教育文化提供的大原則是愛、包容與尊重。多數的家長已接受並認知到，從小就得把兒女視為獨立個體來陪伴，因此民主不代表放任，開放更不是隨便，而尊重則是包容人性會犯錯的弱點，須用正面建議取代情緒化的苛責。

例如西方的性觀念開放得早，因此父母親不會阻止子女發生性行為，而是提醒避孕及如何避免當未婚媽媽。即使事情發生了，也不會以家門不幸或家醜不可外揚等迂腐看法視之，甚至用激烈衝突的手段來羞辱、懲罰子女。

當然每件事情都有例外，而西方也確實擁有待解的社會問題，然而身為一個現代文明人，自我的實現是生存很重要的價值。但東方教育文化普遍存在的現象是，父母親不自覺就把子女當成珍貴的財產，不僅是責任、面子、成就感，更背負著「子不教，父之過」的使命感，導致不敢、不能也不知如何真正地放手。

以為一切都在自己的掌控中，因此當子女發生問題時，最常聽到的話不是「他在家裡可不是這個樣子」，就是「都是交到壞朋友、被帶壞的關係」。事實上，所有「危險的乖小孩」才是父母教育失策下的代罪羔羊。

歹竹生好筍，固然值得欣慰，但若自認為是「好竹生歹筍」時，恐怕為人父母者要學會自省，比起一味地推卸責任，更需要勇氣與智慧正視問題。

知過能改，善莫大焉。二十三歲時迷失，總比六十三歲仍在沉淪中而不知悔改幸運多了！

家在有心的地方

「每逢佳節倍感思親」，但經常會碰到清寒的單親母親或父親，跟我說他們的心情是「每逢佳節心更悲」。沒錢的日常，安靜地過過也就算了，偏偏過年過節時歡騰的特別氛圍，很難讓人置身事外，尤其看到子女臉上的失落感，更加心碎。

大環境不能改變，但小環境可以創造，而心境就是我們可以掌控的小環境。幼小的孩子或許對很多事都無能為力，他們唯一能依賴的就是他們的父母親。

因此對子女的人格發展，最具影響力的仿效對象就是父母親的角色，因此才會有「龍生龍、鳳生鳳、老鼠生的孩子會打洞」的「基因說」，卻也明言了身教的重要性。

我總建議單親的父母親，要給孩子們一個溫暖有愛的家，而非充滿責難與虛榮的家。人活在世上追求各種不同的幸福感，每個人都可以根據自己內心的渴望去追求，但應該避免一味地索求物質與金錢，畢竟人性的弱點以貪婪位居首席，而貪得無厭的因素之一在於不知足、不惜福。

知足又能常樂，需要智慧，而智慧往往來自生活體驗中的累積，它是一種透過蘊藏與內斂而得到的穩健力量，也是成熟EQ的後盾，否則哪來的大智若愚？但人生的大道理說是一回事，能否落實又另當別論，光說不練，豈不錯失良機、徒勞無功嗎？

有位開計程車的單親父親，放棄除夕通宵賺錢的好機會，選擇帶著兒子穿上新衣，回到老宅與家人吃年夜飯，讓孩子感受大家庭的溫暖和親情的擁抱，然後載著孩子展開父子兩人的環島旅行，沿途招攬生意，收入全由前座的兒子處理與保管。一星期後重返台北，兒子把賺來的車資一一記好帳交給父親，而父親則為兒子準備了紅包，帶兒子到郵局開立一個屬於自己的帳戶。父子相擁而笑，父親的眼角雖泛著淚，但充滿著光輝。

另一位單親母親則在年節前，提前找了放寒假的兒女回來商討，把打掃及佈置的任務全權交給他們，並宣布過年期間她會請親朋好友來訪，提醒兒女的表現可不能掉漆。同時，她也商請熟識的菜販在除夕前為她保留一些滯銷的蔬果，由於她平時為人樂觀正向、不愛計較，因此大家都樂於主動送出溫暖。

在輸人不輸陣的努力下，兒女利用環保回收物及貼紙等材料，把八坪不到的租屋佈置得連房東都嘖嘖稱奇，而在母親的巧思下，除夕大餐彷彿是一桌滿漢全席。母親送給兒女的紅包雖然不多，但上面寫著滿滿的祝福，兒女送給母親的卡片上也寫滿了對母親的感謝。

套句選舉常用的形容，我們隨時都處在「人人有希望，個個沒把握」的挑戰中，唯有正向思考才能突破心理障礙，也唯有在堅持中力行，方能抵達目標。

前進高齡：看護父母要用心

天下父母或多或少會對「積穀防飢，養兒防老」的傳統觀念存著期盼，但如今的現況卻告訴我們，這種期盼已是愈來愈不可能實現的，而那種三代同堂且和樂融融的景象，更是難得。打開報紙，幾乎每天都有忤逆、虐待、暴力相向、甚至砍殺或惡意遺棄年邁父母親的負面訊息。不禁有人開始質疑並大嘆，世風日下、人心不古，否則社會的人倫道德何以扭曲淪喪至此？

其實在西方歐美國家，根本沒有養兒防老的觀念，只是深受儒家思想影響的亞洲國家，如台灣、韓國、中國等地，依然認為孝道是天經地義的價值觀，反而忽略時代環境的變動也會讓人們的想法、做法隨之改變。

我曾受邀參與一個菁英家庭的諮商工作。父親在過世前，特別在遺囑上囑咐四個兒子必須輪流照顧母親三個月，這本是美事一樁，但偏偏有兩個兒子長期定居在美國及加拿大，因此老太太在一年中會有一半的時間，必須「放逐」到一個語言不通的孤寂異鄉，兒媳們也都有各自的事業要忙碌，無法陪伴她。她曾提議，希望在台灣的兒媳能多擔待些，讓她老人家能在他們家分別多待三個月，但兒子們異口同聲，以不便違背父親遺囑為由而婉拒。最終，她老人家得了憂鬱症。

我的父母親分別享有九十五及九十歲之高齡，其子女共有五男三女，也都是社經地位頗高的菁英分子，但父母過了八十歲後的晚年，幾乎都是被安排在養老院度過的。

我曾開玩笑說，別說久病榻前無孝子，光是家裡突然多出一雙筷子，對某些人而言就是難以承擔的壓力。我歸納了許多案例後，居然發現在現今社會中，最孝順的「兒女」往往非己出，而是日夜侍候在側、毫無血緣關係的外籍看護。

既然外籍看護已成為長年照顧年長者的好幫手，有幾件事情必須特別注意：

一、一定要事先跟需要被照顧的長輩們進行溝通，因為他們即將面臨生活的轉變，接納這位既無血緣關係、又有語言隔閡、甚至生活習慣迥異的陌生看護，這一定會對他們造成衝擊、恐懼與壓力，因此務必為他們做好妥善的心理建設，也要提前建立主雇間的友善關係，以排除長照過程中可能會觸及的「暗礁」。

二、雖非以小人之心、度君子之腹，但普遍來說，再盡職的外籍看護仍是以賺錢為目的，因此兒女不應完全將長輩的照顧託付予陌生人，應親自了解實際狀況，與看護做好溝通。不幸就曾發生在家母身上，那位外籍看護來自北越，每天哭哭啼啼說想家，工作幾個月後，我發現一向堅強獨立的雙親總會不經意地流露不安脆弱的神色，也常囑咐我們兒女要多去看望他們。有一次，我推輪椅陪中風的母親上廁所，她無法清楚表達，卻用另一手拚命抓著褲管，我隨手撩起，才震驚地發現母親的小腿前佈滿瘀青，還有血跡掛在上面。原來這位看護不是想家，而是失戀了，既憤怒又不甘心，就拿無辜又怕給子女添麻煩的老人家出氣，竟穿著軍用鞋痛踢母親，並喝斥要她自己起來上廁所。事跡敗露後，看護當夜隨即捲鋪蓋、逃之夭夭，但為了避免其他老人家遭殃，我們還是選擇報警，將她遣送出境。

三、對於看護的照顧工作內容，最好要有基本標準的流程設計（SOP），像餵藥、餵食、排便、室內與戶外的活動、午睡、上下床時間、還有訪客探視等生活細節，都應記錄供參考，以便督促與調整。家人愈不關心，看護就愈不在意，雇主雙方的信任基礎應是互動，而非單方的意願。

四、外籍看護多是透過仲介的介紹，雖然合法，但難免會出現良莠不齊的狀況。在雙方取得真正的互信與共識前，不論是在家或在養老院，都要盡量做到財不露白，以免引起不必要的誤會與紛爭。

五、不論是來自哪個國家的看護，希望雇主們基於人道立場，給予關懷，而不是將看護當作全能的傭人來壓榨他們，更不能有階級的歧視。異國合作其實也是另類的國民外交與文化交流。

時代再怎麼演變，仍脫離不了人性的考驗，更別忘了身教永遠勝於言教，當我們對待父母的同時，我們的子女也正仿效著我們的行為與價值觀。因此孝順父母或許無須早晚承歡膝下，但至少要讓他們的晚年是在愛的懷抱下度過的。生者無憾，死者無怨，就是孝道也。

父親節

每年的父親節，不論是商家的廣告還是子女送禮的殷勤程度，似乎總比母親節差上一截。難道真的是母親比父親更偉大？母親的角色比父親更辛苦？因此母親比父親更值得歌功頌德？

或許在某些生理的結構上，確實如此，如餵母乳是母親的專利，嬰兒對母親的依賴自然強烈，加上為母者擁有十月懷胎的特別體驗，因此對新生兒自然多了份責任與掛念。

不過也別忘了，有奶便是娘，會拿奶瓶的父親，也可以當個「好母親」，只要父親有心，他也可以在孩子心中成就和母親一樣重要的價值與地位。

由於父母親是子女在成長過程中最早、最直接接觸到的仿效對象，因此兩者在家庭中的角色應是同樣重要，若有人缺席，總是遺憾。因此特以此文向天下的父親致上最大的敬意。

尤其是單親父親們，必須獨自面對在新時代中教育兒女的挑戰，又得背起傳統家庭賦予父親的刻板形象，如果本身個性逞強又好面子，往往在面對困難時不願、也不敢向外求助，反而讓自己的身心陷入低潮的困境，久久不能自拔，甚至染上酗酒、賭博和吸毒等逃避現實的惡習。

我主辦的基金會每年都會利用父親節舉辦親子躲避球比賽，並聘請專業優質的教練擔任裁判，並親自指導。剛試辦時參加的人數十人不到，如今每年報名超過一百位，實在令人欣慰。

我更特別要求安排賽前賽後父子（女）相擁互親，大聲齊喊：「爸爸！我永遠愛您。」

放手，讓孩子真正地長大

最近有很多網友的提問，竟然都與成年子女的性向、社交、就業和婚姻有關。父母親往往都不敢置信，為何正常的子女竟都突然反常？我歸納了大家的問題，包括：

1 女兒被包養，勸罵均無效，枉費單親母親辛苦的栽培。

2 女兒面對男友屢次用暴力的方式處理其劈腿的事情，卻繼續同居。

3 兒子常帶男同學回家過夜，有一天意外地發現他是同性戀。

4 兒子已大學畢業，生活不積極，且經常換工作。

5 兒子自己有工作收入，卻有偷竊家人錢財的惡習。

6 訂了婚的女兒堅持想退婚，令父母顏面全失。

7 兒女均已屆適婚年齡，但不是不婚，就是不生。

孩子大了，自主性強，某些看似乖異或叛逆的行為，有時天性使然，更多的是一種時代變遷下的產物，不順父母心意，並不代表就是罪惡。人生不就是一連串跌跌撞撞累積下來的成果？兒孫自有兒孫福。

為人父母者一定要隨子女成長，偶爾倚老賣老無妨，但真的面對面溝通時一定要注意用詞、口氣和態度，以及透過肢體語言所傳遞出去的訊息，不要一味地把他們當幼兒對待。溝通即使不如預期，至少也達到親子互動、聯繫感情。只有父母親對成年子女真正地放手，他們才能學會站起來，為自己找出路。

女兒被包養、與混球戀愛、子女經常換工作、退婚、不婚、不生，甚至對家人偷竊……又怎樣？凡走過必留痕跡，就讓他們付出代價吧。台灣諺語：「細漢偷摘瓠，大漢偷牽牛。」家教比什麼都重要，又能怪誰？這是「子不教父母之過」的加倍奉還呀！為人父母者若真在意面子，就得從裡子再下功夫了。

家是愛的避風港，父母是子女信心的加油站，一起努力度過困境吧！

回娘家

人生的歷程，依社會規範大概可以擁有三個以上的家。除了父母首創的原生家（夫家和娘家）、長大後透過婚姻自組的家庭，以及兒女們將來結婚組成的家庭。

所謂「金窩、銀窩，不如自己家的狗窩」，加上「父死路遠，母死路斷」的現實，因此過年還有娘家可回，對已婚的女兒而言，具有特別值得珍惜的意義。

但單親媽媽回娘家，心情則相對複雜、感慨。雖然手足情分原本濃於水，但樹大分枝、各自成家後，除非年邁的父母身體健康、經濟富裕，或至少不須仰賴子女長期照料，且仍擁有長者的發言權，否則已婚女性變成單親後，往往在心境上會有說不出口的個人創痛。在面對家人時必須壓抑，或採報喜不報憂的態度，避免連累家人，導致逢年過節返娘家時，總會近鄉情怯。

在此要鼓勵單親者，為母則強，回娘家除了能與父母承歡膝下外，同時也可讓子女們與母系家庭擁有共度節慶的歡樂記憶。

一旦目標既定，就要全家做好心理建設，回娘家不要以客自居，要完全融入，更不要因自卑感作祟，太介意別人關懷的動機，人際關係的互動愈單純、開放、尊重及包容，就愈能自在和心安。

假如逢年過節，遺憾地，沒有娘家可回，或有娘家卻回不去的情況時，也不用太難過，因為有愛的地方就有溫暖，有娘有爹的地方就是家。

一定要開心地帶子女迎新春，過年只有幾天，人生卻漫長，唯有樂觀地面對新年，才能在未來活出信心。

讓孩子自由飛翔

一位北一女新生於開學五天後在自家頂樓疑似墜樓自殺，留下書包和一封給家人的遺書：「你們不用找了，就是我。」網友問我關於這起自殺事件的看法。

當我看到這個新聞，驚訝得不敢置信外，內心更是難過和不捨到無法言語，這麼優秀而前景正在萌芽的青少年，為何要用如此激烈的方式來結束她的生命？

情緒的壓抑就像一口密封的悶燒鍋，一旦啟動、在不斷加壓的情況下，如果不妥善處理的話，隨時都有爆炸的可能性。

望子成龍，望女成鳳，本是父母對子女理所當然的期許，但為人父母在規劃子女前途時，不應過度權威性地主導和掌控。五根手指的長度不同、功能也迥異，但存在的價值是一樣的。

因此最好在管教和栽培的過程中，能夠關照到每個孩子的獨特性與自主性，重視其性向與興趣的開發，讓孩子活得自由自在。有時他的選擇也許不夠成熟，甚至有些荒唐，但青春的本錢不就在於經得起時間的考驗？何況孩子一旦獲得家人的認同和支持，更能促使他們發揮勇氣、面對挑戰，從中得到信心、責任和榮譽感。

先人累積的經驗提供我們生活的智慧，包括一枝草一點露、天生我才必有用、千金散盡還復來……。生命的可貴在於隨時可以創造出不同的奇蹟，即使是平凡生活，也可以從中領悟出精彩。

遺憾總是留給活著的人在承擔，希望這個事件能夠讓為人父母者正視之。

熟年危機

什麼是熟年危機？問得更直接，就是人老了將會遭遇哪些困境？此乃大哉問！因為這既是每個人生命常態的軌跡，也是不得不面對的現實，卻也是年紀愈大的人，愈不想去觸碰、認真思考或事先預防的敏感議題。

為什麼會有如此矛盾的心情出現呢？因為當你年紀愈大，經歷了悲歡離合與各種人世間的體驗後，就會不知不覺地領悟出歲月不饒人的真諦，正所謂縱然有千年計畫，也無百年歲月，何況計畫又比不上閻羅王的一句話。這樣的比喻似乎有些太悲觀了，其實不然，因為我們是活在一個每分每秒都得接受變化與主動迎接改變的世界裡。偏偏人愈老，就愈不想去改變與被改變，因此熟年最大的危機，恐怕就是自己對幸福和快樂的質疑。

由於醫療科技的發達，讓人類普遍進入長壽期，生命無價，當然要活得開心、活出幸福才行，因此就不能不未雨綢繆了。我一位年過七十的朋友，有一句至理名言：「以前養兒防老，現在是養兒防己。」對時下的年輕世代而言，如果要結婚成家，除非家財萬貫，否則夫妻非雙薪者，實無力養家活口，不然就得降低生活品質。在泥菩薩過江、自身難保的情況下，怎麼還有餘力照顧父母親？非其不為也，而是無能可為也。

根據主計處調查指出，二〇一二年台灣的尼特族高達了四十七萬兩千人，占全國該年齡層人口數的一成，且有高學歷化的趨勢。年輕人到了成年，仍繼續靠父母養的情況，在英國稱為尼特族（NEET, Not in Employment, Education or Training），在香港稱「雙失青年」，日本謂之「繭居族」，中國則叫「啃老族」，用台語，我則稱之為「了然族」。

這種史無前例的家庭變化，以及社會功能失衡的實例，豈會是熟年族在人生規劃中意料得到的？何況還有其它來自本身婚姻、財務、健康等種種可預測或不能預知的挑戰存在。

現代的熟年族若要活得老，又能活出幸福感，恐怕不能像農業社會的傳統思考，以為知足就可常樂，或用得過且過的態度來面對。事實上我們這一代的熟年族正在面對最嚴峻的「老化」、「孤獨」又「無助」的現實考驗，加上國庫財政日趨困難，首當其衝的就是社會福利的預算編列被大縮水，而老年福利政策又是政府一向最不重視的項目。

在主客觀及大小環境均不利熟年族的情況下，熟年族一定要好好振作起來。除了發揮活到老、學到老的毅力與精神外，一定要做好財務規劃。雖說有錢也未必能買到幸福，但別忘了貧賤夫妻百事哀的道理；也要多運動，並定期健康檢查，除了避免久病榻前無孝子的悲哀外，長期病痛的糾纏拖累的不只是自己，還有全家人的未來。另外，最好能將生活樸實化，不要嗜染任何惡習，造成家人的麻煩。當然，抽空到社區或非營利組織做義工，維持良好人際關係的互動，更是降低憂鬱症或退化的良方。最重要的是，盡量不要強勢干涉或掌控晚輩的生活方式，如此才能讓自己活得更快活自在、無牽無掛。

我們都了解，人老心不老才有活力，但是即使不服老，也千萬別學年輕人貿然衝動，老年人最忌「貪念」和「頑固」。多少老人家就因貪財、貪色而被詐騙集團當凱子騙，更有多少老人家因頑固、難相處，而被子女討厭或遺棄。

我認識一對年過八旬的忘年之交，同時也是我輔導的個案。夫妻倆的社經地位都不錯，硬朗高壽，子女也均事業有成，有一天我卻突然接到丈夫的訃聞。參加完喪禮約一個月後，我應邀去探望這位妻子，我差點以為我認錯人了。受過日本高等教育、一向打扮時尚得宜的她，竟然眼神恍惚呆滯，衣著隨便，甚至扣錯釦子，雖然她仍能認出我，卻是一副生無可戀的表情。

原來她一生最自傲的相夫教子和家庭主婦的角色，在丈夫死後全面崩潰，不堪一擊。一向以丈夫和子女為生活重心的她，總是跟隨丈夫的腳步生活，如今少了丈夫的陪伴，子女也都在國外成家，這個只剩空巢的家完全坍塌了，讓她陷入吃不下、睡不著的憂鬱與不安的恐慌中。

類似現象常會發生在老年喪偶的不幸中，夫妻感情愈好愈難熬，而男性又比女性更難適應，這時家人、親朋好友或寵物的適時陪伴，就成了很重要的溫暖，可以發揮移情作用。

本來這位朋友的子女打算接她到國外同住，但被她婉拒了，因為她怕丈夫獨留台灣太孤單了。於是我建議，讓女兒和她一歲多的孫女回台陪伴她三個月。奇蹟發生了，她透過阿嬤的角色，很快找到生活重心，讓她又活絡了起來。三個月後，她安心地帶著心愛的丈夫遺照，隨女兒到國外與子孫們齊聚一堂。

讓孩子學會為自己負責

在少子化的世代，很多父母在面對子女的教育方針時常會迷惘，不自覺地陷入「抓緊了怕捏死，放手又怕飛走」的困惑中。

反觀早年農業社會，物資普遍不豐裕的年代，除了響應生產報國的口號，加上缺乏節育知識，兒女成群是理所當然的常態。但要養活一家人實非易事，因此年紀再小的家庭成員都必須付出勞力，不論是粗重工作或細微家事皆須分擔。

也因為從小接受現實的鍛鍊，因此在他們日後面對職場生活甚至是生命課題時，都能以新兵入伍的座右銘「合理是訓練，不合理是磨練」自勉。

現代為人父母者應有的重要觀念之一，就是要領悟到每個生命都是獨立的個體，每個人都必須為自己的生命負責。留給兒女的，應是能讓他們頂天立地的正直道德，以及能樂在工作中的自信與勇氣，加上能夠回饋他人的慈悲。切莫企圖用金錢和權力操控擺佈子女，來彌補及滿足自己生命中的缺憾。

人的惰性通常來自不用負責任的環境，因此奉勸各位愛子、疼子、寵子的牛老爹們，小心別養出了落漆的豬少爺。

兒孫自有兒孫福

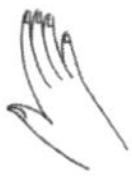

單親的老朋友生了一對兒女，都給予非常好的教育環境，其中兒子拿到了博士學位，而女兒也讀到碩士，都有正當的工作與適合的對象。偏偏兒子告訴她，即使有一天他結婚了，也不想生小孩，因為世界太亂了，對於未來完全沒有把握。而已過三十歲的女兒也嚴肅地告訴她，自己選擇不婚族的生活，因為只想為自己負責，不想浪費太多時間和精力在婚姻與兒女教養上。

這位朋友因為煩心兒女的終身大事，導致長期失眠，甚至有了憂鬱症的傾向，總覺得她的人生已經徹底被毀了，即使活著也沒有太大的意義和價值。尤其跟朋友們聚餐時，難免會被追問起這些話題，她除了啞口無言外，只能生悶氣，到頭來封閉了自己，幾乎不參加任何聚會和活動。

我拿我自己的例子來安慰她。我兒子到四十歲才談了一場姊弟戀並成婚，至於我的小女兒和女婿更是堅持不生的典型頂客族，但他們的選擇一點也不影響我們之間的親情關係，更未累及我晚年的生涯規劃。

為人父母者最大的責任和成就，在於能把孩子教導成人，讓他們在人格、經濟及感情三方面均能獨立，如此一來也算大功告成了。至於兒女們想選擇什麼型態的生活方式，就給他們充分的自由吧！不必太拘泥於世俗的眼光，否則你只會左右為難，甚至落得有如豬八戒照鏡子、裡外不是人的處境。孩子們活得自在和開心，不就是父母最大的欣慰？真正的放手才能了無牽掛。

父母的成功

父母親與子女溝通時最常用的一句話就是：「我都是為你好！」父母對子女用心的出發點無庸置疑，但影響程度還是要以子女自己的想法為主。少數人天生聰穎，能舉一反三，發揮潛能，追求並達成目標。一般人多屬於大器晚成型，有時會擔心能力不足，趕不上父母親的期待而徬徨。另一類則是天生具有反社會人格的特質，不但唯我獨尊、冥頑不靈且為所欲為。因此，因材施教很重要。

社會新聞中，多少高材生因為不能達到父母的期待而自殺，又有多少男女在愛情上因父母反對而終身遺憾的？至於兒女只因不想結婚或生子就遭父母日夜糾纏嘮叨者更不計其數，還有多少子女陷入同性戀、雙性戀、甚至跨性的掙扎，而在不被父母接受的黑夜中苟且偷生？父母親口頭上都會說，最大的願望就是看著子女平安、健康、快樂地長大，但實際上卻從來沒有在控制慾上讓步。

奉勸父母對子女要放手——不是放任，而是學會與子女同步成長。唯有了解愛，才能經得起考驗，而真正滿足對方需要的付出，才有它珍貴的價值。當子女在獨立自主後還願意視你為尊、敬你如師、愛你如友，那麼你為人父母的角色才算真正的成功。

家，是父母與子女一起經營的

家庭像巢，兒女像鳥，父母像樹，手足如枝，鳥大離巢，樹大分枝，乃人倫常態，也是人生的過程。

我三個兒女長大成家後，均分散在不同國家，而我變成典型的「台獨分子」——獨居在台灣。但我不孤單，麻二甲庇護中心這些年來陸續收留了兩百多名從法院及社會局送來的個案，雖然問題層出不窮，卻讓我有了子孫滿堂的榮耀及滿足感。光為未婚媽媽們生下的多名嬰兒取名，我便已忙不過來了。

自己在四十歲就成了單親，當時為了討生活、同時養育子女，只能用分身乏術來形容生活的壓力，因此我與子女們早就習慣了聚少離多的寂寞，及必須面對孤獨的成長。加上早期的越洋電話極為昂貴，除非是緊急重要的事情才會打電話，而我們彼此也養成了「No news is good news.」（沒消息就是好消息）的默契與共識。

即使到了今天，手機已是方便到不行的溝通工具，但通常仍是子女們主動找我，而我也習慣長話短說，甚至有時為了觀賞影片而刻意不接電話。

也許有人會懷疑，在這樣的環境下長大的孩子，怎能與我維持良好的親子關係？很幸運的，我的三個子女都很孝順。

親情的質與量同樣重要，但當環境不允許的時候，為人父母者除了要勇敢地承擔外，也要讓孩子們了解到，覆巢之下無完卵，家是需要每個人一起努力經營的。有寶媽才有媽寶，父母要學會放手，才能知道子女何時能夠真正地獨立。也唯有確認子女都已獨立後，為人父母才得以安心闔眼。

以上也是我給一位整天用電話緊迫盯人、終日擔心兒子娶了媳婦、女兒嫁了老公就會忘了娘的單親媽媽的建言。

親情應是自然的流露，而非情緒的勒索，更非生命的枷鎖。給子女們未來的自由，就是給自己下半生的空間。

輯三

無傷大雅的糊塗

”糊塗不是什麼大不了的事，更不會影響生命或財產的危機，可是對自己而言卻是可笑到終生難忘的一段心路歷程。“

難過的糊塗

鄭板橋曾說過：「人生難得糊塗且糊塗。」有人說這句話與李涉的「偷得浮生半日閒」有相得益彰之處。

我的一位男性老友在跟他妻子吵架時總會丟下一句「得饒人處且饒人」；而我阿嬤最常說的則是「一枝草，一點露」和「圓的人會扁，扁的人也會圓」。總之人生的哲理看似簡單，其實也頗為深奧，就看每個人的感受、領會以及對事情分析的角度。人間事往往可以用「英雄所見略同」來草草帶過，但或許也能以「鐘鼎山林各有天性」一語來試著包容，不是如此嗎？

很久很久以前，我有位粉絲，她是一名成功的單親母親。在一次成長班「心情故事」的討論中，她跟學員們分享了一則故事，故事與其說是「難得的糊塗」，但我寧稱之為「難過的糊塗」。在她小時候，於一次偶然的機會中，得知自己並非父母的親生女兒。她之所以會被領養，是因養父母婚後久久不孕，他們相信若先領養他人之子，再託其福，就可能為自己招來兒女的民俗，於是孤兒的她才有了家。當她獲悉自己真正的身世時，也曾難過得不知如何自處；由於年紀尚小、又找不到情緒的出口，因此她經常在不安的夢魘裡，抱著唯一熟悉的小布枕躲在床底下啜泣，直到累了、倦了，才睡著……

雖然養父母後來果然連生了兩個寶寶，卻一直待她視如己出，從不吝於親情的給予；即使在現實生活中，和弟妹家人難免會有些不愉快，讓她偶生寄人籬下的孤寂感，但她始終未將心中的祕密公開。直到她四十多歲時，和弟妹們前後分別辦完養父母的後事，弟妹們依然不知道他們完全沒有血緣關係，手足之情反而更為親密，也因此堅定了她的信念——不論對自己的身世感到多麼難過與遺憾，她都要將此祕密隨著育她、愛她的養父母一起埋進棺材裡。

在養父母及親朋好友的祝福下，花樣年華的她幸運地遇到一位愛妻、愛子女、愛家的好伴侶。然而，只羨鴛鴦不羨仙的美滿婚姻過了十多年，卻讓她意外發現丈夫似乎有了外遇。對任何人而言，再沒有比摯愛的背叛更令人痛不欲生，她當然也不例外。尤其當她撇開自己是苦主的角度，冷眼看著丈夫一面外出偷情，卻又內疚地刻意討好她時，對這個愈來愈陌生的男人，她只能用可憐、可悲、可惜來形容。低潮的她曾想離家出走，或是乾脆一不作二不休大吵一頓、直接離婚，甚至想了結生命，總之任何的「解答」都找不到，而所有的「解脫」都下不了手，自己簡直像頭懦弱的困獸，只能在荒野中獨自仰天嗚嗚……

也許人在脆弱時會倍思親，加上日有所思、夜有所夢，使她在某天夜晚突然從夢中驚醒——她夢見養母就坐在床沿，溫柔地拭去她臉頰的淚痕，然後再輕輕地握著她的一根手指，放在她的嘴上。她連在夢境中都深切地思念著養母，更有許多心裡話想要向她老人家傾吐，可惜還來不及開口，一眨眼的工夫，養母就不見了。她一夜未睡，陷入解夢的困惑與徬徨的沉思中，終於在天亮前領悟，獲得啟示，並且做出人生中重大的抉擇。

她冷靜而不露聲色地查明外遇對象的背景，以及她與丈夫結識交往的情況後，她抱持著捍衛愛情、保護家庭的決心，她選擇裝糊塗，而不去拆穿丈夫的祕密；另一方面，她放下身段，與丈夫做良性而深切的溝通，也對自己採取「有過則改，無則嘉勉」的反省方式，很誠實地檢視自己在婚姻中扮演的角色，不但用行動力來回應丈夫的需求，她也發現自己的確需要更上一層樓地改進與追求。

因此，明知被撕裂的傷痕無法輕易痊癒，但她不允許自己浪費時間自怨自艾，而是更積極地改頭換面，不是安排參加讀書會，就是學習繪畫、語言、上國標舞課、或是結伴出國旅遊等，她的形象漸漸改變，從黃臉婆慢慢蛻變為貴夫人。她在心中暗許，要給自己和丈夫三年的時間，來為彼此做好心態上的調整與緩衝。

最後，她的力挽狂瀾算是奏了效。不到半年，當她在為丈夫整理衣物時，意外在丈夫的西裝口袋裡發現外遇對象寫給他的一封信，上面有這麼一段話：「面對總是對妻子感到抱歉和內疚的你，我們的感情早就不純了，而偏偏我要的是百分之百的原味。每當我要求你離婚時，你不是心不在焉，就是企圖改變話題，你可知道這樣的態度對我而言有多傷心和殘酷嗎？」當她把信原封不動地擺回口袋時，心情仍是五味雜陳，也帶著些無解的憤怒與失望。但憑著女性的直覺，她至少已經嗅到了契機，只要她再耐心地加把勁，就可以在不出面介入的前提下，讓一時迷途的丈夫選擇回巢。

我是一路與她共享這段不堪祕密的沉默陪伴者。最令我心疼的是，她丈夫後來的確有回到她身邊，卻在不久後被發現罹患末期癌症。丈夫去世前，曾數度試著對她告解和懺悔，但她卻一本初衷，依然裝糊塗，把自己的手輕輕地放在丈夫的嘴上說：「我知道你要說你最愛我了對不對？我當然知道，所以你要趕快好起來⋯⋯」

丈夫走後，她勇敢地扛起家計，並養育孩子長大成人。後來她的媳婦偶爾閒聊時跟她說：「媽，您知道嗎？身為女人，我最渴望的就是像您一樣，擁有一個今生今世只愛您一人、而從未有過外遇的丈夫⋯⋯」這時，她仍是用其一貫裝糊塗的微笑，回應了她的媳婦。

離譜的糊塗

我有一位與我是忘年之交、彼此擁有「三份情感」（栽培她的雇主情誼，教導她的師生情誼，疼惜的母女情誼）的女性助理。我常跟她開玩笑說，假如有單位要舉辦「糊塗」甄選比賽，她甚至不需要報名，直接上台就可以領獎了。

我認為，再精明幹練的人，也會有糊塗的時候，像我自己就有跑錯結婚禮堂、殯儀館而白送禮、致錯意的糊塗紀錄，也曾聽過不少總裁級的朋友們，居然也會糊塗地把老婆的名字叫成小三的暱稱，導致隱情曝光、惹得一身騷。不少這種逗趣的糊塗故事，幾乎每日都在發生，不論是成年人或是孩童，人人都有機會演出。

光以糊塗的形態而言，可分為很多種，如偶然的糊塗、意外的糊塗、難得的糊塗、錯怪的糊塗，還有「很離譜的糊塗」。而我為什麼會用「離譜」來形容接下來要談的這位女主角呢？因為以她在職場上的專業身分而言，其糊塗還真的是到了很離譜的程度啊！

在阿扁時代時，我曾擔任國策顧問，雖然我非民進黨員，但陳前總統對我這位黨友大姐頭仔的諫言，還是給予相當程度的信任，也因此與其辦公室主任馬永成有了較多的接觸。不論其被捲入的官司究竟何時終結，以及外界如何對此人存有負面批判，我對於他的人品與能力始終抱持高度肯定。

話說有一天，有幾位好友相約共進晚餐，地點希望由我這個「歹嘴斗」（挑食）來選，於是我選了一家菜色類似印度與雲南料理的回教小餐廳，那裡的餐後奶茶由馬姓老闆親自調製，風味只能用「一級棒」來形容。決定後，我就跟我的 miss 糊塗助理說：「麻煩妳撥電話給×××餐廳的馬先生，我想跟他通話。」

隔了好一陣子，毫無動靜，我只好問她為何還沒替我接上馬先生的電話？她說她忘記了，在連說了好幾句抱歉後，不久就收到她的回報：「老師，電話三線正是馬先生。」可是當我拿起話筒、聽到對方那既熟悉又親切的聲音時，我幾乎傻眼了——拜託！我是要跟餐廳的馬老闆通話，而她大小姐卻把電話接到總統府的馬永成？唉，此馬非彼馬呀！事後，她居然還敢幽默自嘲地說：「還好啦！沒有打給台北市長馬英九。」

文章前面已提過，我們倆情同母女，加上有陣子我的雙手因免疫系統出了狀況，得了類似富貴手的症狀，出現龜裂與疼痛，嚴重到幾乎要貼上人工皮才能握筆寫字，醫生更交代盡量不要使用清潔劑，也要避免碰到水。

因此某天當她造訪我家時，看到我準備用洗衣機洗衣物，貼心的她二話不說就主動代勞了一切，要我放心休息，令我當下頗有「『有事』，弟子服其勞」的欣慰。

一週後的某日，我有一場正式的會議要參加，翻遍衣櫃卻怎麼也找不到我想穿的那件長褲。正在質疑與懊惱自己的記性時，電話鈴聲突然響起，是我們偉大的糊塗小姐打來的，我便隨口向她埋怨起這件瑣事。一向反應快又好辯的她，竟在電話那端安靜了下來，接著才用些微不安的口吻說：「啊！糟糕了，老師，我想起來了，上星期幫您曬在外面的衣服我好像還沒有收進來哩！難怪您會找不到……歹勢啦！」

而最離譜的是，有一回我要到台南某科技園區進行專題演講，而她得陪我一起搭高鐵。我習慣在車座下方準備兩雙正式的高跟鞋，供替換使用，那天當司機載我們到車站時，我正想彎下腰去換鞋時，糊塗助理熱情地搶先一步說：「老師，您脊椎不好，不要彎，我替您拿好了！」既然如此，那就恭敬不如從命了，於是我很自然地換穿了高跟鞋，兩人一起直奔高鐵站……

抵達台南站後，長途旅行不宜憋尿，總得先上廁所；不上還好，坐上馬桶後，往下一看，才猛然發現大事不妙了！原來我左右兩腳上穿的不是同一雙高跟鞋，怪不得今天走起路來總覺得少了些平衡感，且仔細回想起沿途巧遇粉絲時，他們除了跟我熱情揮手、打招呼外，為何總會情不自禁地瞄一下我的鞋子？真相終於大白了。當糊塗助理在車上替我拿鞋時，她完全沒注意到她拿的高跟鞋是不是同屬一雙，雖然兩雙鞋都是黑色系的，但設計款式仍然迥異。糊塗的她就直接撇開左右兩邊的鞋，相當順手地從中間各拿一支、湊成雙。

事發之後，不論我多麼暴怒，或瞪她瞪到眼凸，她除了笑彎了腰，還是一直狂笑。因為她也非惡意，當下的我也只好把這個滑稽的意外當成「另類的潮流創意」及「時尚的搭配」來振作自己。幸好，最後安然無恙地在台南完成了精彩的演講，並順利搭車回到台北，或許仍有路人發現我腳上的詭異，但自始至終無人對我當面提問，算是幸運。另外我也想起，先前我搭計程車出門時也發生過一些糗事——她替我開車門、送我上車，揮手向我說「拜拜」時，我竟發現我的手提包還掛在她身上，只好回頭再找她，而這種窘境絕非只有一次。

想想她跟著我，已有十五年的漫長歲月了。不但有幸能陪伴她從涉世未深、宛如鄰家女孩的青澀少女，一路學習成長為大都會的熟女，且邁入戀愛、結婚、生子等重要的人生歷程，經歷不同階段的角色蛻變……然而我想，這孩子唯一不變的，大概就是偶爾仍會發作、專屬於她的「離譜的糊塗」。

弄巧成拙：「有心」與「無心」

人有時總會自作聰明或弄巧成拙，其中還有「有心」與「無心」之別。

以前念初中時，有位鄰居學姊正在談戀愛，但礙於家教嚴格，萬一郵寄的情書被家人搶先攔截的話，鐵定只有一個「慘」字，於是私下向我尋求協助，希望能幫她傳遞情書。

反正既不犯法，又是舉手之勞，在學姊苦苦的哀求下，我便自認是在見義勇為，從此認真地扮起了紅娘的角色。

我總是以向學姊討教功課或借她用過的參考書為由，經常往返她家；去的時候，我會把男學長的情書交給望穿秋水的學姊，而回家時，我再把學姊回覆男朋友的信夾在參考書裡，隔天到學校再找機會拿給茶飯不思的男學長。

雖然母親也曾懷疑過，為何近來我老喜歡往學姊家串門子，而且這位學姊讀的是高中部，過去根本很少跟我們家有互動，但種種質疑均被我以請教功課為由給隱瞞或搪塞過去。而且每次任務完成的當下，看到學姊和學長那種情竇初開、喜孜孜的幸福模樣，就覺得自己不但是個樂於助人的模範童子軍，更享受著那種瞞天過海、猶如扮演地下情報人員的刺激感。

直到有一天……

放學回到家時，在大門口竟意外撞見學姊的母親，我驚慌得差一點忘了打招呼，心想這下可糟了，所謂無事不登三寶殿，與我們家並不太熟絡的大嬸怎麼會突然無緣無故地出現在我們家裡？不禁猜疑，莫非是學姊偷談戀愛以及我暗中替他們互傳情書的祕密東窗事發了？尤其當我與學姊母親擦身而過時，她嘴角閃過的那一抹頗為詭譎的冷笑，讓我不寒而慄。

進門後，果然母親面色凝重，且帶慍色地怒視著我。唉，終究紙包不住火，既然行蹤已被揭發，反正伸頭一刀、縮頭也一刀，不如兵來將擋、水來土掩，勇敢面對。正準備上前好好跟母親解釋一番時，沒想到她的動作比我還快，直接把一本我相當眼熟的參考書往桌上丟，喝斥道：「妳不好好讀書也就罷了，居然還敢騙我說是要找學姊補習，結果反而是利用她當擋箭牌偷偷交起男朋友！妳好意思利用人家替妳掩護？今天如果不是讓妳學姊的媽給發現，好心跟我通報的話，我還真不知道要被妳瞞騙到什麼時候？妳自己看看這封信的內容寫得有多肉麻呀！」

起先我被罵得一頭霧水，愈到後面就愈發清楚了。原來學姊放在參考書中的情書不小心被她母親逮到而曝了光，她在情急又作賊心虛的情況下，不但不敢承認，更乾脆把一切都推給我，簡言之，學姊為了明哲保身而公然地犧牲了我。原本就喜歡東家長、西家短的大嬸，當然要趁機向我母親通報示好，順便看一場好戲。

還好，在我的坦承招供下，母親終於明白了原由。當下我即答應她，從此不多管閒事，且不會在求學中瞞著家人談戀愛；相對的，我也要求母親答應我，必須替學姊的謊言保密且不追究，免得她母親得知真相後惱羞成怒，恐會讓學姊及學長雙雙被校方記過或退學，造成難以收拾的局面。

從此我就不曾再去造訪學姊的家，而在校園裡也盡量不碰面。雖然曾經有幾次，他們兩人似乎刻意地要找機會跟我解釋，卻都被我有技巧地閃躲了。學姊在事後也寫了一封道歉信，但我原封未拆，將它交給母親，並叮囑她看完後丟掉。

也許讀者們會回應說，既然都送佛了，不妨就送上天吧！當初忍辱負重的忙都幫了，幹嘛事後卻不給對方一個當面道歉的機會？理由也許不合邏輯，其實很簡單，那就是我無法說服自己完全去釋懷學姊當年睜眼說瞎話的動機，以及她母親不明事理、得了便宜還賣乖的嘴臉。

笑話兩則

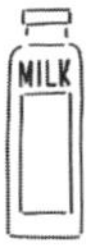

日前有人和我分享網路笑話二則，在此謹附，也和大家一起樂一樂。

1

有位小學生在題為「我的父親」的作文上寫著：「我的父親很辛苦，每天早上送我上學，下午接我放學，看見父親的蛋上皺紋愈來愈多，我覺得很難過。」於是老師在聯絡簿上寫著：「請家長不要每個地方都讓孩子看。」該家長的回覆是：「對不起，老師您誤會了，我兒子他漏寫了一『臉』字。」

2

有位父親心裡正嘀咕著，為什麼母親節總是被誇大慶祝，而父親節都被疏忽了？沒想到父親節當天，很少會主動關心他的國中兒子竟然跟他一起用早餐。當他看著兒子正從冰箱為他拿出一瓶牛奶時，所有委屈頓時得到釋懷。沒想到兒子對他說的卻是：「爸爸你買的牛奶已經過期了！」

輯四

用不一樣的角度看待人生百態

”時也、運也、命也。風水不但會輪流轉，而人生更像顆變化球不斷在旋轉中，唯有心定、實心，才能應萬變。給自己找一扇適合的門，要比高攀來得自由自在多了。“

符號與人

賈伯斯（Steve Jobs）去世的消息，成為朋友茶餘飯後的閒聊話題。有人站在命理觀點看「死生有命」，縱使富可敵國，但人生終究無法圓滿、終有遺憾，但站在其對人類文明科技及資訊革命性的改變與貢獻，其偉大程度不亞於愛迪生等偉人，何況連同業競爭者都不得不佩服他，以「可敬的對手」一詞來惋惜他的逝世。但對我而言，我則是覺得賈伯斯的一生就是個一連串令人大驚奇的「！」。

有友人突發奇想問我，假如人生要用符號來註腳的話，我會選用哪個符號？大家跟著起鬨、猜了起來，有的說我個性如此「阿沙力」，一定不是「。」、就是「！」。偏偏都不是，這下就非得說出個道理來不可。

其實在每個人的一生中，不論歲數長短，早就擁有一個不同的符號在等著他（她）去面對、評估、解析、行動、了解、承擔、完成。生命就像是有盡頭卻無固定站牌的列車，每個人在不同的際遇與心情下，經常是處在五味雜陳而無法為外人道的處境，因此什麼樣的符號都用得著。

至於我為什麼會選「……」，因為死亡是活人的終點站，卻是死人的延長站。我們經常最思念的人不就是那些已經不能再接觸或見面、卻對我們的生命具有影響力的人嗎？因此當你能真正體會到人與人的緣分是建立在「送君千里終須一別」的前提下，以及「人生本無常」的哲理時，你就會發現好好地活在當下是多麼重要，而這更是活著的福利。

套用我個人詩集中的〈思念〉，我是如此形容：

思念
像爬行啃蝕
桑葉
的
蠶
不放過
每一寸
的
咀嚼

73855理論

每當演講或在公共場合中，有粉絲靠近要跟我合照時，我都會提醒他們：「我的照片貼在門口是避邪的，貼在床頭則是避孕的，想清楚了再照吧！」雖是自我調侃，但當我得知自己這張老臉居然派得上用場時，還是很高興的。

我偶爾會上電視節目錄影，結束後幾乎很少去關心何時播出，更遑論會按時收看。但這幾天竟有不少網友紛紛來電，我才知道上週我在《新聞挖挖哇》節目中提及的「73855理論」引起了許多人的興趣，希望能進一步了解。

73855理論是著名的伊朗裔美國加州大學教授Albert Mehrabian所

提出的。他認為近代有關情緒的有效溝通，其中使用的語彙占7％、語調占38％、肢體語言則占55％。

我為什麼會特別提出來呢？因為在我長期輔導的工作經驗中，觀察到我們一般傳統家庭的溝通文化裡，只有角色與身分，很少去關注到溝通過程中的技巧，其中包括如何理性面對衝突、如何用同理心來學習聆聽、如何在適當時機用肢體語言釋出善意等等。

時代不斷在改變，在現今IT資訊爆炸的世界裡，雖然電腦、手機、網路無所不在，但人與人之間的關係卻是愈來愈疏離的，因此你不難發現，只要每個人把手中的手機丟掉，不是只有個人慌了，而是全世界都亂了。因為我們已經不再熱情或直接地依賴彼此，而是透過Line、IG、FB等APP軟體媒介來片面滿足自己與對方的需要。

當人們的溝通只侷限在快速的通訊，而非深沉的了解時，或許符合現代社會講究的效率需求，但這不也象徵了人們愈來愈孤獨的事實嗎？

豪門與世家

記得前幾年社會上流行著跟西方大師學習人際與情緒管理的課程，或是遠渡重洋、跋山涉水到印度去修習瑜伽、浸泡在有益身心靈的精油中，可是最近居然在中國興起「如何嫁入豪門」的專業培訓班。有趣的是，學費很高，但報名情況可以用「絡繹不絕」來形容。

姑且不去討論為什麼時下有這麼多女性，爭先恐後或使出渾身解數想要麻雀變鳳凰、變成貴婦，畢竟在日常生活中，滿街東來西往的車輛乍看之下數不清，但仔細觀察卻只有兩部，一部為「名」，另一部為「利」。同樣的，「豪門」和「世家」，前者通常指的是「財力」——錢是人的膽，莫

說有錢能使鬼推磨，殊不見有多少英雄好漢也得為五斗米而折腰；而後者指的則是「勢力」，不論是當代新貴、還是舊朝遺老，一旦曾經當道，餘蔭便會猶在。

當然，如果同時握有魚與熊掌，也就是集權貴財力於一身、堪稱「豪門世家」，則此生無憾矣，但天下事偏偏就不能盡如人意。因此「豪門」財大氣粗，表面鞠躬哈腰，一副禮賢下士或尊師重道的模樣，但骨子裡仍難免會奚落那些落魄世家的寒酸。相對的，「世家」又曾幾何時真正由衷地瞧得起豪門？背地裡不是用市儈鄙之，便是嫌其俗不可耐，彼此間心機之重與虛情假意，恐非只求簡單討生活的市井小民可以從容應付得了的。

我想起一則家母為我說的故事。家母的出生背景可說是豪門兼世家之後，但命運的安排卻讓她嫁給了一個三級貧民戶、又是養子的異鄉客，也就是家父（可參考我於臺灣商務印書館出版的拙作《母女江山》）。

然而，她到老都能以感恩、知足、平凡、快樂的人生態度來度過一生。當她告訴我以下這個故事時，要傳遞的訊息有二：一是千萬不要夜郎自大，因為人外有人、天外有天，一定要懂得謙虛。二是要了解自己是一塊什麼料，更要不斷充實自己，才不怕接踵而來的人生挑戰。

話說很久很久以前，一位有錢的員外與一位有名望的仕紳互結親家。有一天，員外拎著一條鰣魚回家、叫媳婦烹調，不一會兒的工夫，媳婦就把熱騰騰的鰣魚端上侍奉公公。員外一看，最具膠質與營養價值的魚鱗居然被刮掉了，心裡不免有些失望，但又不便發作，於是喟嘆地說：「唉！人要富貴三代，方知飲食呀！」這時，媳婦不發一語地轉身重返廚房，再端出另一盅燉皿奉上——原來，她很清楚食材的價值，所以先將魚鱗刮下後，用針線一片片地串在一起，再配上洋蔘、枸杞、川芎等藥材蒸燉，再將鰣魚肉用豬網油裹身，另外清蒸之，可說是更精緻的一魚兩吃之法。而媳婦退下前，則輕輕地留下一句：「富貴三代半，方知飲食全。」讓員外回味……

時也、運也、命也。風水不但會輪流轉，而人生更像顆變化球不斷在旋轉中，唯有心定、實心，才能應萬變。給自己找一扇適合的門，要比高攀來得自由自在多了。

「三姊弟布丁」新聞的啟發

雖然法定的單親指的是離婚、喪偶、未婚生子，但依據實際輔導的工作經驗，為了符合時代快速變遷的需要，個人在十多年前擔任內政部婦女權益及教育部兒福委員時，就提出應把單親範圍作更廣義的詮釋，包括隔代教養、雙生涯分偶、服刑等種種狀況算在內。

前幾年，我從電視上看到高雄地區發生的社會新聞，內容描述一個被父親離棄、母親身亡的家庭，由阿嬤艱辛地帶著三姊弟以賣手工布丁討生活的勵志故事，引發大眾的關懷，愛心訂單與捐款不斷湧進，應驗了台灣最美的是人心。

可惜不到幾個月的光景，之後竟傳出該阿嬤燒炭自殺未遂的不幸消息。

動機想來是承受不了排山倒海的負面輿論和指責，質疑他們是「假貧窮、真奢侈」，搜證的影片不斷ＰＯ上網路，甚至有人憤怒地欲索回捐款。

過程中，雖然阿嬤試圖對媒體解釋，孫子們穿的名牌衣服都是愛心人士送的，而上飯店吃飯也是人家請的，買手機是不想讓孫子自卑，但似乎已難取信社會，加上姊弟在職場或學校中又頻遭類似的言語霸凌。在壓力大到難以承受之下，老人家乾脆採取死諫以示清白。

愛心既然是出於自願，就盡可能一切順其自然，否則若在愛之欲其生而惡之欲其死的情緒反應下，恐怕只會讓彼此徒增壓力和負擔，即使是父母、子女、夫妻、朋友的關係也不例外。

富人不知窮人苦，否則哪來一分錢餓死一條好漢的現實冷酷？富人和窮人的生活方式不在於排場，而是態度，況且窮人也有生活方式的自主權。既然施比受有福，在付出的當下也該放下，否則阿嬤若真的不幸死亡，人人豈不成了間接的殺手嗎？

「先敬衣冠後敬人」的物化文化

有位立法委員在質詢交通部官員時，情緒激動地向官員說：「你難道要叫立委去搭小黃嗎？」

民主社會之所以被普遍認同，從某個角度而言是人類文明進步的象徵，民主社會堅持自由、平等的價值，並致力於消弭傳統文化所延伸出來的刻板印象與歧視。就像從「男尊女卑」的歧視演變為「兩性平等」，再進化成「性別平等」（性別平等除了男女兩性平等之外，也涵蓋對於不同性別、性取向、性別認同、性別氣質及LGBT權利對多元性別者的性別平等）。

然而，民主社會卻也受到資本主義的影響，形成「先敬衣冠後敬人」

的物化文化，這也是「錢非萬能，但沒錢卻萬萬不能」的現實寫照。因此名牌與貴婦的夢幻組合，以及慾望經濟的沉淪一點也不稀奇。只是心靈的提昇和生命的意義，是不應被物質文化框架的。

車子既是現代的交通工具，也是遠古時代象徵身分地位的馬車改良品，因此名車與附屬的司機都能顯示出一個人的社經地位。

記得有一次，我要到中部去演講，主辦單位派人到車站接我，結果轎車在途中拋錨了，正在傷腦筋時，路過的一輛大卡車停了下來，原來司機認識載我的車主，於是我就改搭卡車前往目的地。卡車司機告訴我，他們夫婦都是我的粉絲，他還因為讓我坐在載滿雞籠的卡車而不斷向我道歉。

於是我跟他開玩笑說，我生肖屬豬，能和雞同車乃與有榮焉。何況不論搭乘什麼交通工具，就是希望能順利到達目的地。

過了一星期後，我們的公益機構收到一筆不小的捐款，署名載雞人。

後經查證，那位卡車司機不但不是打工仔，還是擁有大規模養殖場的老闆。

台灣諺語「嬈擺無落魄的久」，指的是驕者必敗，同樣的，人也不要輕易妄自菲薄。

曾經有位計程車司機跟我埋怨說，他因為開的是小黃，所以都不好意思去參加同學會。我告訴他：「你不覺得你自己就是老闆嗎？車子就是你生產的工具，既不用為店租擔憂，也不用為庫存煩惱，更無須為不知何時才會上門的顧客而坐立難安，你應為自己擁有這麼一部活動的店家而欣慰呀！」當下他用茅塞頓開的神情興奮地說：「小黃的我，在此跟老黃您說聲謝謝了。」

唉！天下的男人啊，請記住，女人的字典裡是不能有「老」字的，好嗎?!

思念許天賢牧師

那年許天賢牧師走了，六十四歲。雖然在他的追思會中，我強忍悲痛、擁抱其夫人潘雪雲牧師，但奏起聖詩的樂章時，老友生前的面龐浮現，往事歷歷在目，仍令我啜泣不已。

他是詩人，更是民主鬥士，他曾自嘲說，他是全世界第四個在教會布道時被捕入獄的神職人員，即使像希特勒這樣的殺人魔，都能節制，不入學校及教會逮捕犯人。

而那一天剛好又是其女兒三歲的生日，他還來不及把蛋糕拎回家，就直接進桃園龜山監獄坐了三年的政治牢，理由只是他參與了高雄美麗島事件的關懷。

我非常感謝在麻二甲之家開幕時，他專程趕來祝禱；尤其這幾年來，不論是未婚媽媽的產檢、生產、生病以及嬰兒們的各種突發問題，我們都是往他主持的麻豆新樓醫院送診，醫院甚至提供了未婚媽媽珍貴的工作機會。

他生前就已擬好了自己的訃文，如今我用許牧師的詩〈我是客旅〉來分享對他的思念與敬意。

我是客旅
搭著人生列車向前進
司機先生：
這一站，在龜山，稍停！

不是永久駐足的地方
只是——稍停！
待我採購了一些人生經驗的珍品
雖然代價貴了些
但，「珍品」豈能賤售？
「經驗」豈是易得？
在這兒，我看到了好多星星
星星沒有為我帶來心中預期的喜悅和寧靜
卻是閃爍困擾的誘因
我也看到了藍天的朵朵雲
它們說：
「我也和你一樣，在這兒——稍停！」

我不買星星
也不採購雲
我只在此靜心地等待太陽的音訊
要裝它個滿筐筐的光明
因此，我還要在此站，龜山，稍停！
我是客旅
搭著人生列車向前進
司機先生：
這一站，在龜山，請稍停！

再找

小孩子喜歡農曆過年，老年人則怕過年。前者因為每多一歲、紅包就可拿多一些，後者則難免會心生歲月不饒人的感慨。人生不就是在期待與失落的天秤上找到安身立命的平衡點嗎？

一位中年失業與一位老來喪偶的朋友同時請我吃飯，希望我能用最簡潔的字句給予受挫的他們一些力量。我給了他們兩人一句同樣的話：「再找」。

世上無難事，只怕有心人，這句話對很多陷在困境中的人而言，通常不是鼓勵，而是無奈的嘲諷。因為不斷面對失敗，就會對自己失去信心，

而一旦失去信心就更提不起勇氣再去嘗試，於是就不自覺地陷入絕望、自暴自棄、怨天尤人等負面情緒中，甚至用結束生命來抗議命運的不公。

事實上，活著本身最大的代價就是必須不斷接受各種壓力與挑戰，因此要能夠在脆弱的生命中展現出堅韌的意志力，才會活出精彩，一定要跳出泥淖才能邁開步伐向前走。很多失去的人事物固然無法找回，但「再找」卻會讓人對未來再度充滿期待與追求的勇氣。

禮不可廢

送走了歲末迎新春，春酒方醒，元宵就報到，好不容易情人節才鬥完嘴，清明掃墓祭祖不得閒；清明才剛收拾，七月半普渡又大開殺戒，就算汗流浹背沖昏了頭，中秋賞月送禮仍不能免；秋去冬來憑添歲，周而復始的生活步調運轉不息。

從舉家登門拜年，左右鄰舍通力搓湯圓，扶老攜幼拿鐮刀，上山斬荊除草尋墓園……等傳統習俗，演變至今日，一切的一切都可以透過網路的虛擬世界運作，並漸漸成了合理化的商業行為。

儀式已不再重要，而心意也只是一份心安的交代。E世代的來臨到底意味著潮流使然？還是在少子化的現況下，長者們無奈的妥協與遷就？

一位朋友痛心地跟我埋怨，有一天她心血來潮跟兒子提到，待她百日後，不知兒媳是否會記得她的忌日，或在清明節為她祭拜一番？結果答案令她氣結。媳婦說：「婆婆您不是老嫌我菜煮得不好吃嗎？怎麼死後還想繼續吃？」兒子回得更絕：「媽！您放心，我會在網路訂購滿漢全席給您享用，而且團購有打折。」

我是個以「禮不可廢」來詮釋文明程度的人，但對過於迷信及商業行為的繁文縟節，則採取能免則免的態度。

以喪禮為例，佛家供奉的清香花果和誦經，以及基督教的唱詩歌和追思禮拜，都達到簡單、莊嚴和平靜的境界，值得保留。至於儀隊、電子花車、孝女白琴、罐頭山、燒金紙及遶境等，我是無法消受，甚至連做七旬都嫌太久、太累人了。

時下流行一場喜宴，新娘動輒要連換三套禮服，且拍幾十張價格上萬元、矯揉造作的婚紗照，實在令人匪夷所思，因為等到婚後，那些禮服和照片連新娘自己都不會再多看一眼。

在台灣，生和死這兩個重要課題，可說是沒有什麼尊嚴可言。產婦待產，攸關個人身體隱私，也是生命搏鬥的歷程，是亟須保有個人隱私的尊重，但有過生產經驗的女性們，都難逃冷冰冰地躺在待產室任人宰割的夢魘。

同樣的，奄奄一息或呈彌留狀態的病患，在尚未斷氣或取得醫生的死亡證明前，像獵鷹覓食般的葬儀社業者們早已覬覦在側了，甚至為了搶生意而公開喧譁爭執。而將遺體推向太平間的態度，更有如倒垃圾般的草率，完全忘記死者為大的基本尊重。

生命的終點，讓人像一條脆弱又易觸礁的船，漂泊的盡頭不是無岸可靠，就是駛向無人荒島；因此活著的時候不妨盡量開懷，別給自己太多莫名的壓力，至於死後則安分些，無須給活者不必要的負擔。難道死後的你，真的還能坐起來品嚐滿漢全席不成？

為生命價值努力

每天打開新聞，幾乎沒有一件振奮人心或足以雀躍歡欣的事。不是總統賣國，就是政客竊國，民主制度毀於一黨政爭，而民生依舊掙扎在窮困的底線，百姓更是人心惶惶、無所適從。

有位高學歷卻失業的年輕人在高鐵站遇到我，靦腆地問我是否能給他一些活下去的力量？

我緊握他的雙手，注視他的雙眼，面帶笑容地說：「多少人連飯都沒得吃，而你還能坐高鐵，表示你仍有能力轉圜。不一定要心存感激，但至少要儲存能量。失業只是一場人生階段性的體驗，並非世界末日。職業無分貴賤，只要願意放下身段，貴人和機會就會自然出現。若能從失業中學習，作為下次就業的成功經驗，就永遠不要害怕失業，因為希望會帶領你去尋找光明……加油，祝福你。」

他溼潤的眼眶中帶著感動的神情。車子啟動後，但願身處不同車廂的我們都能帶著同樣的信心，一起邁向成就生命價值的方向。

為生命找到平靜的舵手

生命雖然有限，但自己的視野可以無限；同樣的，生活或許受制許多不得已，但態度可以隨遇而安。

每逢佳節倍思情，一位離家背井、遠渡他鄉的年輕朋友，在給我捎來的卡片中告訴我，每當他遇到挫折時，他總會把上述這段臨別前我送給他的祝福拿出來咀嚼。

心情若像一艘茫茫大海中飄流的浮船，再好的舵手都未必能一帆風順，因為主客觀和內外在的因素也都在瞬息萬變，因此學習如何保有隨遇而安的態度，成為生命過程中不可缺少的自我教育，也是樂觀氣質提昇的要素。

隨遇而安並非懦弱或逃避，反而是提供自己在面對任何困難的挑戰時，可以讓四處流竄的負面情緒如失望、悲痛、恐懼、憤怒、嫉妒、莫名的憂鬱等，尋找到出口。

能冷靜沉澱顛盪與衝擊的情緒，是化險為夷的第一步，漸漸地就不會再自亂陣腳。唯有情緒安定，心情才能平靜，久而久之就會內化成為一種自在從容的幽默，同時從束縛中釋放出來的自由，也會給信心帶來更多養分。

為何愈有自信的人愈謙卑？因為人性唯有接近最真實的核心時，才知道自己多麼渺小。當你已把自己縮小到不那麼顯眼時，敵人是否存在，已經不是你的問題了。

活到老，學到老

外婆如果還活著，少說也有一百二十歲了。因為我從小是外婆一手帶大的，所以我們祖孫的感情特別深，而她對我人格發展的啟示與影響也特別大。

從小就聽到「活到老，學到老」這句老生常談，可是從來就無法真正體會其中的真諦。直到外婆七十多歲的時候，有一次我放假從台北回南部去探望她老人家和父母親，回到家時，父母因有事外出，只剩下外婆一個人坐在客廳裡看電視，當下不禁有些不捨地問她：「您一個人待在家裡不會感到無聊嗎？」想不到她老人家竟一面呵呵地笑起來，一面指向電視螢幕上回道：「怎麼會？我每天都準時在看傅培梅老師教做菜。」

其實秀外慧中的外婆本身就燒得一手好菜，但因她的蚵仔煎是傳統福建式的口味，她認為應入境隨俗，有機會就該學學台灣式的做法。

另外，我在電腦初級班認識了一位最年長的學員，八十多歲的他幽默地分享了他來學電腦的動機，原因很簡單，就是受不了家中晚輩們對他老化的蔑視與不耐煩。

起因是他在百貨公司的父親節摸彩活動中意外獲得一部電腦，他對電腦一無所知，兒女、媳婦們剛開始還很樂意當他的家教，但當他打破沙鍋問到底的求知慾爆發後，就把晚輩們都嚇跑了。求人不如求己，也想讓晚輩們跌破眼鏡，於是他報名了電腦班。

他全勤地完成了初級、中級、高級班，一年過去了，他不但學會打字、搜尋、玩遊戲等，還學會拍照，並用各種電腦軟體設計出多種生活日誌簿，分享給家人與親朋好友們，更贏得不少佩服和讚賞的掌聲。而他最得意的成果，是常常自以為是的媳婦也正式拜他為師，因為當她娘家父母經常收到老當益壯的親家公傳來的各種剪輯影片時，總會教訓她年輕不上進，應該多跟公公學習之類的嘮叨。

人在心態上若先向「老」妥協，所有行為舉止就會不自主地配合著新角色扮演，不但給自己設限，也給自己找了很多藉口。

我有一位忘年之交，出生自政治世家且丈夫曾任高官退休，她今年已九十多歲，不但耳聰目明，風采依舊，且出門會客一定得正式化妝和打扮才行。她不但每天生氣勃勃地與年輕人高談闊論，連在報章雜誌寫專欄批判時政也不假他人之手。

有一次接到病危通知，我趕到醫院急診室去探視她，她感動地流下脆弱的淚，並緊握住我的手一起祈禱。不可思議的是，醫生後來為她動了心臟手術，並安裝了好幾支的支架，她驚人的求生意志力不但讓她度過那次的危機，且至今依然健在。

我偶爾抬起頭，看著辦公室牆上掛著的那幅水彩畫時，更是感動不已。那是一路上十分支持我的前加拿大家庭社福中心主任Maggie送我的親筆水彩畫，她現在已是加拿大首都渥太華（Ottawa）知名的畫家，她在退休前就開始進行新的生涯規劃，不再為生活而工作，而是從生活中重新找尋被擱置已久的興趣與潛能。

她利用下班後和假日的時間學繪畫，並在老師的肯定與鼓勵下，以平常心不斷接受批評和技巧的挑戰；不到七、八年的工夫，她的個展已受到矚目，畫作在市場上也有一番行情。

有一年，我們的公益團體有個募款餐會，她預先寄來了幾幅捐作義賣的水彩畫，卡片寫著：「但願我的畫能為台灣公益盡點心意。」

製造傳奇

每回農曆年關一近，社會上就會出現兩樣情，只能用幾家歡樂幾家愁來形容。除夕夜是全家人難得團圓圍爐的時刻，如果遇到債主敲門討債，簡直是屋漏偏逢連夜雨的最佳寫照。

這種難堪的場景我就經歷過。在我念中學時，家父因替友人作鉅額擔保而被倒，加上藥廠經營不善、嚴重虧損，人也剛退出政壇……一連串接踵而來的風暴，雖沒淪落到家破人亡的地步，卻也嚐盡人間冷暖。

尤其當我看到銀行派來查封我家的經理，竟是家父一路引薦和栽培的後進時，我第一次深刻地體會到，人情到底一斤值多少錢？所以每當有人因失敗而消沉、無法振作時，我都會以「人可以失敗但不可以失志」來共勉之。

人生如果是個競技場，不應只是在與他人比輸贏，而是如何在成功與失敗之間，為自己建立起不能失去鬥志的力量。

在不同階段的際遇中，縱能偶爾駛得順風帆，也不代表天天都是豔陽天，如果沒有失敗的體驗，生命未必就不精彩，只是若少了洋蔥一味，人生肯定無法有滋有味。

人活著，不就是為了製造傳奇嗎？

更多元的性別包容

那一年，我看到倫敦邁入第四十三屆的同性戀萬人大遊行的新聞，令人感慨萬千。

同樣身為自然人、同樣需要繳稅、同樣有著生理和心理上對愛與性的追求，甚至想組成家庭、領養兒女，過著合法的婚姻生活，也應該享有被一視同仁的平等對待和自由人權的尊重，同性戀者不應躲在角落遭受歧視、霸凌和汙衊。其實不論從科學統計還是醫學證明，除了少數的例外，同性戀者幾乎都是天然形成的人種，和你我並無不同。

經過幾世紀以來的奮鬥，西方對同性戀的認同終於從刻板狹義的女同性戀（Lesbian）和男同性戀（Gay），發展為多元化的雙性戀（Bisexual）和跨性別（Transgender），再加上代表酷兒（Queer）或對其性別認同感到疑惑的人（Questioning），便產生了後來的「LGBTQ」一詞，以更完整表達這個全體的多元性。

後來同志群體更衍生出更廣泛及多元的類型，從「LGBTQ」衍生出「LGBTQIA」（或為了標示方便，有人也寫做「LGBTQ+」）。「A」，有一種解釋是對性無興趣者（Asexual），另一種解釋則是認同LGBT的同盟者（Allies）；「I」（Intersex）則是俗稱的「陰陽人」，由於染色體、性激素或生殖器的變異，導致一個人的性徵不符合傳統兩性的概念。在自由民主的國家中，愈來愈多人能包容這類議題的討論。

既然神愛世人，佛祖普渡眾生，那麼就請宗教代言的神職人員們要發揮博愛精神，避免假借神名打壓異我族類。在強調轉型正義的當下，雖然成果不盡如人意，但今年至少通過了「專法」，為同婚者提供法律保障，開啟一扇合法成家的幸福門。

別人結婚與否干卿何事？

少子化的年代，加上適婚年齡正在往後移的情況下，美化的說法是壯男熟女的自主性高、不隨波逐流，實際上恐有曠男怨女不知情歸何處，這也成了逢年過節與家人團聚時的敏感話題。

什麼時候要請喝喜酒？有對象了嗎？眼光別太高啦，否則挑三撿四、最後籃子見底什麼都沒有。姊弟戀又何妨？小鮮肉可口嘛！老夫少妻會比較體貼讓步，離婚、喪偶、再婚的又有什麼關係？對方有職業就好，這年頭誰養誰又有什麼差別？少年不結婚，老大徒悲傷矣！

以上幾乎都是出於好意的關懷，但說者無心、聽者有意，且常尷尬而不知如何面對或回答。通常大部分的年輕人都會採取逃避或傻笑應對，但我曾教一位出身自南部大家族的獨生子，使用既不傷和氣又能暫時解危的撇步。直到今天，他還經常跟他的妻子和家人提起這件往事。

他的獨門撇步就是先下手為強。利用過年前幾天，他打電話給父母親，在電話中感傷地說：「我已交了一位女朋友，本來打算利用春節帶回去讓你們驚喜的，沒想到她今天卻跟我分手，我真的很難過，難過到都不想回去過年了。」

可想而知，父母親一定會大力安慰並好言相勸一番。於是他接著說：「可是我怎麼面對那麼多的三姑六婆、七叔八公？每次過年不是急於作媒就是要安排相親？」

結果他說那年的春節是他三十歲以來最平靜的一次，竟然無人問及結婚一事，而且只要有人白目提及，馬上就有人接口道：「啊！緣分未到啦。」

那年春節銷假北返時，同車的妹妹面帶同情，幽幽地說：「哥，你真的ＯＫ嗎？媽警告所有親戚，你失戀了，正在療傷。」白色謊言偶爾有效，但千萬別常喊「狼來了」。

也希望多事者逢年過節就饒了他們吧！別人結婚與否干卿底事？何況在西方的社交場所問人的年齡、收入和婚姻狀況，是最失禮的行為。

向工作謙卑地學習

職場規劃往往跟個人的人格特質有關。多數人根本沒什麼規劃，可能在因緣際會下走進了第一個職場，從此也就隨遇而安，一直到退休為止。但有些人對工作的態度雖未必是好高騖遠，卻總是不滿現狀，而處在騎驢找馬的狀態，一年換了二十四個老闆。

真正對工作生涯有規劃的人，首先會了解自己的個性和興趣所在，以及如何提升專業，達到他所追求的終極目標。所以當他進入職場時，他已經抱定了學習的決心和堅持努力的方向，爭取公司的賞識與栽培以更上一層樓，再前進到能提供更多學習機會和福利更佳的機構。

每天打開報紙，或是上人力銀行搜尋，都是工作機會，可是偏偏仍有人因找不到工作而整日怨天尤人，甚至寧可無所事事，乞討、偷竊、犯法維生。

為人父母者一定要從小灌輸孩子正確的觀念，人的一生中，工作收入是經濟的重要來源，也是為自己定位的價值感。若能夠樂在工作，是加分的幸福，不然至少也要能自給自足，不造成家人或社會的負擔。

不要一味地告訴孩子，只要把書讀好就有未來，其實讀到大學，也不過是通才教育罷了，離職場需要的專業門檻還很遠，進入職場一定要抱持謙卑學習的心。現實世界愈來愈競爭，切記！山外有山，人外有人。

輯五

在愛情與婚姻裡 我們要學會的事

”戀愛是兩人的浪漫，而婚姻是兩個家族的牽絆，做對的選擇、走對的路，即使未達標，人生也不虛此行啊！“

結婚是喜事，離婚也非壞事

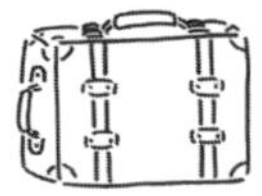

「我和老公已協議離婚，這可能是我在夫家最後一次的圍爐，但我卻不知道怎麼跟公婆開口？」另一個案例：「過年後，我們的婚姻大概就走不下去了，只是不知道怎麼跟孩子開口？」以上幾乎是我每年年關將近時，都會被要求輔導的問題。

三十年前在我的拙作《婚姻靠經營》中就曾提出，戀愛是個人兩情相悅的祕密花園，結婚則是牽涉到兩個家族以上的現實社會。

不論是自由戀愛，還是經由媒合而結合，總之都是成年人在自由意志下的選擇，以及在法定婚姻制度下的承擔和承諾，尤其婚後生兒育女，更是責無旁貸的社會責任，因此結婚和離婚都不應兒戲。

男女雖然會因荷爾蒙的化學變化，而對彼此產生情愫、進而結合，但其實兩性大有不同，加上如今男女的適婚年齡愈來愈晚，不論是從性別、年齡、性格、信仰、個人興趣、經濟條件、教育程度及家世背景等差異去分析，都需要花更長的時間去深入了解。

戀愛常是盲目的，因此只要一味地討好對方就行了，但結婚則是長久的磨合與共存，這也是為什麼童話故事都只寫到公主和王子浪漫地結婚為止，因為接下來夫妻在為現實生活辛苦打拚的千篇一律畫面，總是令人挫折與不堪。難怪有人說婚姻制度不合乎人性，而更像是生命中最棘手的人際關係。

婚姻的長期經營，除了需要不易變質的愛情滋潤，尊重彼此差異的存在，包容對方有犯錯的權利與空間，學習聆聽和溝通的技巧外，信任和忍耐更是不可或缺的元素。儘管夫妻擁有最親密的人際關係，但切記莫把方便當隨便，因為我們的下一代正直接地向他們的父母學習如何經營和諧的兩性關係。

結婚是喜事，離婚也非壞事。因此若選擇離婚的話，最好不要拿公婆、子女或第三者等議題來當藉口，因為他們可能只是某個導火線，但絕非壓倒駱駝的最後一根稻草。所謂「冰凍三尺，非一日之寒」，就是這個道理。

面對婚姻危機時，我認為：

一、冷靜，才能客觀與看清事實。

二、沉澱負面思緒。

三、重新回顧自己的婚姻。

四、誠實面對自己必須負責的部分。

五、謙虛地去探究所有恩怨情仇的源頭與價值觀，作為自己重新來過的參考書。

君子絕交，不出惡言，甚至給予對方祝福，絕不是天方夜譚，而是文明社會進步的象徵。夫妻能用平和的態度相處，並學習放手，才是感情成熟的表現。

塞翁失馬，焉知非福

成語「塞翁失馬，焉知非福」和「失之東隅，收之桑榆」，通常是用來安慰失意者心中的落寞，讓他們在心態上找回平衡感。凡事有得有失，而得失之間，其實禍福也難料。

有位中年被裁員的忘年之交，有天突然出現在我眼前，我趁機挖苦他說，風光時連屁股都可以掛在天邊，現在落魄跌入谷底才想起我，未免也太市儈了。他竟然幽默地用上述的成語回敬我，這種在面對重大挫折或難堪的處境時，懂得找方法給自己下台階的人，縱使不能東山再起，至少也不會輕易放棄生命。

我曾輔導一位遭男友背叛而被迫分手、結果自殺未遂的應屆畢業女大學生。四年校園戀愛的結局竟是如此收場，讓她憤怒、不甘心的心結始終

解不開。

我問她，要怎麼樣她才會甘心？是詛咒劈腿的男友被車撞死，還是和他的新歡一起被雷劈死？或是有朝一日換成這個爛男被甩，又回頭來找妳，結果反而被妳唾棄？不斷悲傷地啜泣，是她唯一的回應。

有一次在路邊攤吃美食時，突然有人叫我，回頭一看竟然就是她。她開心地緊握著我的雙手，除了祝我新年快樂外，也略帶羞澀地介紹她新交往的男友。臨走前她悄悄地告訴我：「謝謝您提醒我，不要因錯愛而扭曲了真愛的意義，讓我有重新再愛的正能量。」

等到我用完餐要去付帳時，老闆竟拉高嗓門，像是要說給全世界的人聽見：「剛才那位小姐說妳是她的救命恩人，她已替妳付錢了，我和我太太都是妳的超級粉絲，所以買一送一，讓妳帶回去留著當宵夜。」

我正納悶這番情境該用什麼成語來形容才好時，旁邊的友人翻白眼嗆道：「妳老人家可不要得了便宜還賣乖哦！」

勉強不來但可包容

俗話說一個廚房容不下兩個女人，這兩個女人指的不是母女，而是婆媳。雖然凡事總有例外，但再好的婆婆也難以取代母親的地位，而再乖巧的媳婦也比不上女兒貼心，這是心態，也是事實。

婆婆只能真誠地教導、開導和指導媳婦如何適應夫家的文化，而媳婦也只能盡心、盡力以及盡情地學習與配合夫家的生活方式。

當兒子和媳婦的婚姻還維繫著時，婆婆的地位在媳婦的心中尚有價值，因為丈夫萬一有外遇，婆媳關係處得好的話，婆婆仍是一張可用來牽制丈夫的王牌（相反的，處不好的話，婆婆在一旁興風作浪或為虎作倀，也所

在多有）。然而，當夫妻緣盡情了、選擇分道揚鑣時，婆媳關係恐怕連陌生人都不如了。

婆婆對兒子的對象，除非是她自己看上眼挑中的，否則態度永遠是保留的，因為為人母者只信任自己才是這個世上對兒子最了解的人。當不得已要把他交給媳婦這位既陌生卻又關係密切的女人時，往往是處在不放心、不甘心、又有些許失落的情緒中。而這種情感上的糾葛與矛盾，對同樣身為女人的媳婦不但無法感同身受，甚至視為滑稽或病態的表現，必須等到幾十年後，她變成了婆婆的角色，才能領悟箇中道理。

再年輕的婆婆也是長輩，再討人厭的婆婆終究還是把妳丈夫養大、交給妳的推手。因為歲月不饒人，以及「夕陽無限好，只是近黃昏」的感慨，大部分的婆婆都不免有短視、愛嘮叨、害怕死亡、把持金錢等特質，其實都是缺乏安全感的防禦措施。

其實，婆婆要慶幸兒子有伴侶願意同行，而媳婦要想到妳也會有成為婆婆的一天，不妨從婆婆身上學習與借鏡，讓自己成為將來不討人厭的婆婆，也能在此刻勝任讓婆婆滿意的媳婦。

屬於婆婆掌廚的廚房，媳婦就是助手。而屬於媳婦料理的廚房，婆婆就是顧問。不論擔任助手、還是請教顧問，婆媳都是學習中的受惠者。而心存感激且願意付出的媳婦，比起自怨自艾或斤斤計較的媳婦，其最大的不同在於晚年的福澤。不妨趁一年一度的團圓飯，婆媳彼此舉杯，感謝對方的栽培和提攜。

婆媳相處有妙招

在我經歷過的婆媳問題諮商個案中，以老一輩看不慣兒媳教育孫子的方式或態度列為第一名。抱怨的內容不外乎：媳婦憑自己是學歷高、又是經濟自主的新時代女性，以為養育兒女靠書就可以了，不願意聽老人言；不然就是媳婦管教孫子完全沒有原則，全憑情緒，不是太嚴，就是太寵；更離譜的是，媳婦會把對婆家不滿的怒氣，拿孫子當代罪羔羊而指桑罵槐；當然也包括了孫子發生了什麼事，不論好壞，媳婦總是先跟娘家通風報信或商量，公婆反而是最後才被告知的……等等。

為什麼我只列出媳婦，而沒有談到兒子呢？因為今日的媳婦角色已非注重三從四德的舊時代女性或仰人鼻息、看人眼色的童養媳，再加上性別平權的意識已逐步落實到家庭生活中，且從懷孕、生產、哺乳到生活照顧的重責幾乎都落在為人母身上，媳婦的責任與權利自然很大；加上婆媳均有同為女性、同為人母的經驗，因此婆媳之間發生有形或無形的誤解、衝突的機率，肯定會比母子之間來得頻繁。

有位罹患輕度憂鬱的阿嬤很傷心地跟我述說她內心的委屈，她說：「我因為體諒兒子和媳婦都在上班，加上媳婦娘家早就表明不願替他們帶小孩，保母工資貴又不好找，於是在兒子的苦苦哀求下，媳婦做完月子後我就開始接手孫子的照顧……」這位年過六十的祖母嘆了口氣，接著說：「有帶過嬰兒的人都知道這是多麼吃力不討好的事，嬰兒不按牌理出牌，難免會有些小狀況發生。再說，我們夫妻兩老要照顧嬰兒，又要煮飯、洗衣、打掃，已辛苦了一整天，結果媳婦下了班回到家裡，什麼都不管，馬上抱起嬰兒，左一個寶貝、右一個親親，卻對我們連一句『辛苦啦』、『謝謝』的字眼都不提。不過，因為到底是我們自家的孫子，公婆幫忙也是應該，我們就不計較了。但媳婦卻天天像在審犯人般地追問：『媽！妳餵奶後沒讓他打嗝嗎？不然我怎麼老在寶寶身上聞到吐奶的味道？』、『奶瓶奶嘴都有徹底消毒了嗎？』、『餵食的時間和大便的顏色有詳細記錄下來嗎？』當然還不忘加上這句：『對了！媽，妳和爸每次要抱嬰兒前，別忘了一定要先洗手喔！』」

丈夫和兒子除了勸她為了孫子而忍耐外，什麼忙也幫不上，長期下來，她吃不好、睡不著、又不開心，終於生病了。

我們的國民教育從小沒有教我們如何學習溝通，反而一味勸阻大家不要發生衝突，導致在面對親情和愛情的衝突時，通常不是選擇激烈的攻擊，就是消極地採取逃避，殊不知衝突本身其實存有溝通的價值與技巧。因此人與人之間與其害怕衝突，不如應學習如何面對衝動、解決衝突、縮小衝突範圍，或是預先避免衝突的發生。

我奉勸這位已無薪苦幹了半年、心情低落的婆婆，與其一直將自己深陷在埋怨中，不如給自己放個假，遠離媳婦的刁難、丈夫和兒子的冷漠忽視等問題。即使只有三、五天而已，卻可以讓自己暫時遠離不愉快的環境，同時藉此機會讓家中其他成員體會到她存在的意義與價值。

此方法果然立刻奏效，而且家人在失去婆婆後確實不知所措。經過她這次平和的革命後，終於讓她有了機會與媳婦像母女般地懇談、溝通，也進一步了解彼此真正的想法。除此以外，最受教的仍是兒子和媳婦，因為他們已切身感受到「家有一老，如有一寶」的箴言。

如果孫子年齡比較大，已上幼稚園或小學，對於他們的教育方針，身為公嬤者最好是不要過度介入，在一切正常的前提下配合孩子的父母親。

在子女的教育上，最令人擔心的就是雙頭馬車，不只會令孩子無所適從，也會讓夫妻爭執不休，若再加上雙方長輩的干預，更會形成多頭馬車，讓家庭問題複雜化。

傳承的另一意義就是放手，也許會讓扮演旁觀者的公婆們有幾許落寞，但別忘了教育子女的責任應在父母身上，而非公婆，況且兒孫自有兒孫福，莫為他們作牛馬。

輯六

那些日常的光與影

”我經常坐高鐵往返南北之間，每次下車後，總不忘給月台上一排排站好、準備進車廂整理的清潔工們一個親切的鞠躬，以及「辛苦了」的問候。我不知道他們姓什麼，而他們也未必知道我是誰，但禮貌與尊重讓我們在生命短暫的交會中不再陌生。“

心情故事二則

某一年適逢母親節，我接到來自兩位孝順兒女的來信。巧合的是，信中都提到，希望今年的母親節有別於以往的慶祝方式，省去花束、紅包、禮物或吃大餐等形式，而是期待與我見面，透過諮商，談談我和丈夫的關係。

結果因個人因素，兩位雖未能如願，但無形中也傳遞了再孝順的兒女之情，仍異於夫妻的親密關係，怎麼也取代不了。

因此呼籲天下已婚的男性們，尤其年紀愈大者愈要能體會少年夫妻、老來伴的價值，主動在母親節時，積極帶動兒女來為妻子歌功頌德和慶祝一下，不要只是當個無關緊要的旁觀者，或酸溜溜地一旁挖苦。

也許有人會說，母親節都是商人操作出來的商業手法，何況也只不過一天罷了，何必太在意？更無須為難男人了。若和母親節的氛圍相比，父親節的陽春市場豈不更令人噓唏不已。但是女人嘛，浪漫就是其一生。因此當男人的年紀愈大、行動愈遲緩時，就要積極地學會肉麻和討好，否則哪一天不幸中風或失智時，照顧者的責任仍是落在妻子身上，甚少兒女願意代勞。

某次在鄰近的美容院洗頭髮時，發現旁邊坐著一位八十四歲的老太太，她竟然穿著兩寸半的高跟鞋，自己一路走來，不禁讓我肅然起敬，再也不敢無病呻吟了。

也許又有人要說，這樣是不健康或危險的，但她的回答是：「要小心的是不要被恁祖媽踢到」。

不再陌生

記得早年在美國受訓時，曾做過一個印象很深的試驗，就是針對幼稚園孩童測試他們對陌生人的定義。

結果測驗發現，只要不斷露面，並在孩子面前來回多走個六、七次，再配上溫和友善的語氣與肢體語言，比如面帶笑容、主動上前打招呼，從簡單的「嗨，你好嗎？」到「你好可愛哦！」、「你們在玩什麼啊？」沒有多久，你就不再是陌生人了。我甚至只拿出一把糖果和一本童書，幾個孩童就毫無防備地跟我同行了。

有判斷能力的成年人都難逃詐騙的遭遇，何況是年幼無知的孩童們。

因此為人父母親應從小就教導子女，不要隨便和陌生人搭話、吃東西及隨行等預防措施。但也千萬別矯枉過正，免得孩子長大後對陌生環境容易產生恐懼，也會對人際產生排斥。

我有一位朋友分享了她年輕的糗事。

由於她被電視上的負面新聞事件嚇怕了，所以很討厭處在陌生環境或與陌生人接觸，因此她從不出國，即使走在路上，她也絕對不與人四目相交。但不幸的，有一天她下班後到市場買了些東西，再搭公車回家，她才下公車不久，就發現不對勁，她身後不但有個陌生人一直尾隨跟蹤她，且腳步愈跟愈緊，甚至還不時猥瑣地喊著：「小姐，小姐妳等我呀，不要走那麼快嘛！」

天色漸暗，既生氣又害怕的她乾脆小跑起來，但讓她最受不了的是眼看已經快到家門口了，對方竟還不死心，於是她壯起膽，霍地轉身直視對方，想要嚇阻這無禮的傢伙……

卻在這時才發現，一直跟她跟得滿身大汗、氣喘如牛的，原來是一個頭髮斑駁的老人家。「哎喲，小姐！我不是壞人啦。妳下車拿錯我的東西，我是要來跟妳對換的！」對方用略帶慍怒的口氣說，並指著她手中的提袋。終於真相大白，她趕忙跟對方道歉賠不是。真正糗的是，老先生臨走前還丟下一句：「別忘了窄裙後面的拉鍊要拉起來。」

我經常坐高鐵往返南北之間，每次下車後，總不忘給月台上一排排站好、準備進車廂整理的清潔工們一個親切的鞠躬，以及一句「辛苦了」的問候。我不知道他們姓什麼，而他們也未必知道我是誰，但禮貌與尊重讓我們在生命短暫的交會中不再陌生。

穿著得宜是熟年新生活運動

根據英國權威醫學雜誌的報導，二十一世紀醫療生技科學日新月異，加上資訊發達，人類的平均年齡普遍延長到七、八十歲，甚至預估二○○○年後的出生者，可望達到一百二十歲之長壽，不但遠遠打破了「人生七十古來稀」的紀錄，更帶給人類嶄新的生命期待。

就社會整體而言，對於「老年人」似乎尚存有一些敬老尊賢的倫理觀念，但在實際生活中，卻或多或少對年長者植入了部分負面的刻板印象。

儘管大家會溫馨地以「熟年」來取代「老年」，仁慈地以「銀髮」取代「蒼髮」，更用「智慧」取代「皺紋」，但終究只是表象，老化對人類而言絕對不是一件特別值得炫耀或引以為傲的事。

美國總統林肯曾說過一句名言：「人過四十後，長相應由自己負責。」我則想將這句話改成：「人過七十後，長相由其他在意的人負責。」送給我認識的一位長者。

這位長者退休後，卸下了人生的重責，在心態上像洩了氣的皮球，再加上少了職場上人際關係的維繫，他的生活態度變得愈來愈懶散，以前的他若是不把皮鞋擦亮，是出不了門的。如今他變成不愛外出交際的宅男，終日穿著一件滿是汗臭味的汗衫，腳上隨便趿了一雙拖鞋，就四處蹓躂起來；鬍子不刮也罷，居然連頭髮堆滿了油垢也懶得洗；更因為不再重視生活上的細節，導致經常忘了拉上褲襠的拉鍊，而被路人莫名冠上「齷齪」、「變態」的羞辱。

令人更不解的是，當家人、朋友給予良性的建議時，他不是不在乎，就是惱羞成怒。他的理由是，他這一生都活在別人設定的標準和規劃的框架中，例如每天必須穿西裝打領帶這件事，從來就不是出於自願，而是出自職場身分的要求，如今難得熬到自我解放的時刻，何必還要在乎別人的眼光呢？

很多長者在退休後決定要過著輕鬆自在的生活，是可以理解的，可是「瀟灑」和「邋遢」、「知禮」和「失禮」是兩碼子事。在屬於私人領域的自家打扮隨性，無可厚非，但出了家門就算是公領域的範圍，應在相互尊重與包容的原則下，為彼此遵守一道無形而公認的生活公約。即使再開放的國家，若有人公然裸體出門倒垃圾，依舊會遭受批評。因此在先進國家，公民責任就是不分男女老幼都要避免自己變成生活中的汙染源。

態度決定高度，絕非空穴來風。有一位女性長輩與我是忘年之交，今年已高齡九十二歲，每次見到她總是風采依舊，除了歲月在她臉龐上留下的自然紋路外，她依舊行動敏捷、思想前進，穿著更是得宜，且既不孤僻、也不會不近人情，幾乎天天笑顏常開。並不是因為她家世好、環境優，她也經常藥不離身，更不知道已進醫院與死神搏鬥了多少回，然而就像她說的：「年輕時不懂事，總是在懵懵懂懂中浪費了不少歲月，如今快走到了人生盡頭，豈可不珍惜每一分、每一秒得來不易的黃金時光？何況我正在享受我生命中最寶貴的時刻，除了心存感激外，就是要把自己打扮得美美的，否則誰會理妳這個老太婆呢？」

既然我們還需生活在充滿困境挑戰的大環境裡，社會上也早已預言高齡化將成為下一世代的沉重負擔，所有熟年朋友們更應該要有警覺，正視這個與自己切身的議題。不僅要努力顛覆一般人對老人的「殘燭」印象，更要以身作則，為晚輩們樹立好典範，讓乾淨、整潔和適宜的得體穿著成為新時代熟年族的習慣與態度之一，避免自己遭到社會遺棄。

台灣血液學之母

某次在一群好友聚餐的場合，意外遇見每個台灣人都應該認識的台灣血液學之母——林媽利醫師，她也是被國際公認的傑出科學家，並名列「世界名人錄」。

她比我年長許多，可是怎麼看就是比我年輕，更完全看不出她曾是位抗癌英雌。最令人敬佩的是，她退而不休，至今仍在專業崗位上，不遺餘力地繼續培植與提攜後進。

她的著作《我們流著不同的血液》增訂版（前衛出版社）是以血緣、基因的科學證據揭開台灣各族群身世之謎。ＤＮＡ不會說謊，它清楚明白地告訴我們：百分之八十五的台灣人帶有原住民的血緣。

我開玩笑地說，從小就被冠以「赤婆」和「番婆」的我，很可能有海盜或是土匪的ＤＮＡ。媽利開懷地笑說，她早就對我的血緣很感興趣。

於是某日上午，我專程到她位於竹圍馬偕紀念分院的研究室抽血，並和林教授、還有幾位博士研究員一起吃便當，並論及他們實驗室未來的規劃，他們預計對台灣人混血的情形、古代遺骸的ＤＮＡ與現代人的關係進行研究。

而我個人的檢驗報告結果，根據ＨＬＡ資料顯示，原來我是台灣原住民與百越族人的血緣。

生日的祝賀

還記得某一年生日，厤二甲之家的未婚媽媽和小朋友們發揮巧思送給我一份特別的生日禮物，他們用繩子串起了一張張正面圖案是豬的卡片（因我生肖屬豬），而背面則寫滿了給我的祝福話語，讓我感到淚水在眼眶中打轉。

對於慶生，我一向主張給別人最高的祝賀，但對自己則盡量低調，但總是拗不過同仁及志工們的好意，他們是如此誠心和用心，因此也就不再掃興，開心地接受並與大家同樂。

雖說要做好人際關係，要先學會「逢物添價、逢人減歲」，但偏偏台灣的民間習俗迷信逢九不利，因此須更上一層樓，加滿整數。如此一來，我不但不能耍賴說我只有六十八歲，反而要謙卑受教地說是虛歲七十。這

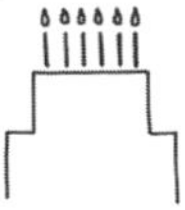

對像我等愈活愈老的女人而言，實在有夠尷尬和難堪。

當我帶著滿滿的祝福和鼓勵，與年輕友人分享這段心情時，沒想到除了尷尬，又多了份自討沒趣。

其中一位竟然回道：「難道妳真的相信人生七十方開始？」而另一位則不知是白目還是耍酷地添一筆說：「如果此話合邏輯，九十幾歲的人早已開始失智了，還真的能像二十多歲的人談情說愛嗎？面對吧！老就是老。」

於是我只好藉機追問他們，如果我舉辦生前告別式，他們會來參加？沒想到他們卻異口同聲地回道：「那要看有沒有便當或紀念品拿再說。」雖然以上對話畫面有點卡通，但值得欣慰的是，臨別時，他們大夥還是用力齊聲對我大喊：「Happy Birthday！」我要用最感激的心情，向所有來自海內外、透過各種形式替我慶生的親朋好友們致謝。

二弟黃李越

人生真的是活到老學到老，包括生與死的學習，且若不親身經歷、不知難。

二〇一七年三月二十日的午後，突然接到北市某分局的電話，起先還以為是接到詐騙集團，後來才確認是二弟黃李越在其自宅因呼吸衰竭意外昏厥、跌倒死亡的通知。

事出突然，加上弟妹和其子女長期居留國外，無法直接聯絡，因而找上我。

帶著十分震驚、無比悲痛且忐忑不安的心情匆忙趕到現場，卻因為我非直系親屬，只能配合到警局做筆錄，至於認屍、送放冰櫃、提供醫療證明，到通過檢察官驗明正身、確認非他殺等程序、安排殯儀館等事宜……這一切的一切，均須待其妻兒回來處理。

每次參加各種形態的喪禮，包括自己父母親的，幾乎都依葬儀社的程序完成，直到此次處理二弟的意外，才讓我領會到，能壽終正寢也是一種恩賜。

二弟在亞洲管理學院念完碩士後，隨即回國投入台灣正在起步的證券金融業的開發，任職過多家銀行，並與世界接軌，其好友都自嘆弗如，認為他的一生就是台灣證券史的見證，可惜早走了一步。

他曾在扁政府時代被延攬為全國農業金庫董事長，而當時擔任國策顧問的我竟然不知道。令我深感欣慰的是，他不負所託，在他擔任農業信用保證基金董事長時，在一年內為農信保基金業績帶來四倍成長，而適放期比率由百分之二十八降至百分之九，讓基金五十年來首度轉虧為盈。他也連續多年獲得代表投信界最高榮譽的標準普爾獎（Standard & Poor's）及金鑽獎各項大獎。

四月八日的公祭時間是在清晨八點，幾乎來不及發訃聞的情況下，現場卻坐滿各方追悼的賓客。二弟李越是個個性真誠耿直、溫和謙虛、重視信譽的人，看看來到現場為他追悼的人，他此生應算不虛此行了。

有人會好奇他的名字由來——由於他過繼給母系，故多冠了母姓。

緬懷像是一本褪色的相簿，也許都是片段的斑駁呈現，卻不影響我們對內容點滴的珍惜。

瞻仰了弟弟最後的遺容，在默禱的恍惚間，突然耳邊閃過他常對我說的一句叮嚀：「大姐，妳要多保重。」

終究要分開

依照政府規定，對於弱勢家庭兒童的安置時間，通常都會依照專業社工人士的多方評估後再做決定。

即使是住進同一機構，女生可以待到高中，而男生則因考慮到生理上的變化，只能到小學畢業，之後就必須移轉。目前麻二甲之家安置了來自全國各地的青少年，從小學一年級到高二生，人數將近四十位，早已超過偏鄉小學一班只有二十幾位學生的平均數。

幾年前，我們收進一位小學四年級的小男孩，剛進來的他終日躲在牆角哭泣，尿床近三個月之久，動不動就打人，吵著要回家，不但不合群，還喜歡偷東西，滿口的髒話外，連名字都寫得歪七扭八，甚至被診斷疑似

有反社會人格的傾向。

兩年轉眼過去，他各方面的進步均令工作人員深感欣慰。但當他知道等自己今年小學畢業後，就必須離開中心時，他忐忑不安地跑來跟我說：「先生嬤，為什麼我畢業了就要離開這裡？」

我笑著回道：「因為你已長大了，不再是小弟弟，而是大哥哥了。」

他抓抓頭緊接著問：「那我可以回去我媽媽的家？」

兩年中，其母親從未來訪過，突然間何去何從的茫然，竟又撩撥起他對母愛的思念與期盼。但很不幸的，對於其母自身難保而不得不遺棄他的事實，我實在難以啟口，只能安慰他，不用擔心未來去處，一定會為他做好妥善的安排。

每次當我要離開中心返回台北時，均會擁抱每個學員，輪到他時，他緊緊地抱著我仰頭說：「先生嬤，我不要離開妳，我要在這裡住到死！」

前往高鐵的途中，外面下著雨，而我心裡也淌著淚。

麻二甲之愛

之前在國外，本來想上傳幾張照片分享近況，但看到朋友傳來新北市某私托中心的老師痛打兩歲嬰兒的腳底板、並硬塞到書櫃的影片後，我的心都涼了。

兩歲嬰兒除了哭叫，毫無能力表達他的恐懼與無助，身心竟無辜地受此創傷，這是台灣的文明之恥。

我們麻二甲之家收容安置的成員們從小一到高中，曾有創傷的孩子尿床長達半年，過動兒會故意把大便拉在臉盆裡、再到處塗抹，有些孩子除了會破壞門窗、桌椅、衣櫃，更是滿口髒話和謊言，整天打打鬧鬧，簡直像極了失控的野獸，而老師們幾乎都難逃被抓打、咬傷的經驗。儘管如此，我還是嘉勉老師們要本著慈悲的同理心來看待這些不幸的孩子，絕對嚴禁以暴制暴，因為他們就是在暴力中長大的。

唯有在包容中展現的真愛，才能讓孩子在信任感中學習到愛與被愛的意義和價值。我還叮嚀老師們，孩子們來到麻二甲之家，這裡就是他們最溫暖的家，我不希望他們再度孤單地拎著皮箱，被送往另一個安置中心。

多年來，中心的孩子們來來去去，但最令我感到安慰的是，他們的行為和態度真的都有了巨大且正面的改變，而且每個人在離開時均充滿感激和依依不捨，有的人甚至不想離去。

曾經有位由阿公、阿嬤撫養的孩子，因為太皮了，他們無力管教，乾脆放棄，並把孩子的監護權改成當時的台南市長賴清德。社會局把他送來麻二甲之家，經過一年多的時間，在我們耐心、包容的照顧及管教下，他的改變讓來接他回家的阿公、阿嬤大吃一驚，不敢相信眼前這個有禮貌且功課進步神速的乖孩子竟會是他們原先的孫子。

麻二甲之家多次被政府評鑑為甲等。在這起不幸的虐嬰事件發生的同時，我要藉此機會由衷地感謝基金會的所有同仁及麻二甲之家的老師們，由於你們大家的努力付出，才得以讓真愛在台灣的各個角落散播著。

無聊的話讓世界更無聊

說話，是人際溝通時不可欠缺的媒介與管道，有人更將話術視為一門藝術。常聽人形容一位好的演說者，也一定是一個會說故事的人，為何許多領導者、演員、偶像或超級業務員，都有其難以抵擋的魅力，便是來自其話語藝術的穿透力。

聽話、會說話、說對方想聽的好話——似乎是一般人從小被他人期許學習的基本功。我這輩子也算是個聽話、會說話，也盡量在能力範圍內說些人家想聽的話（雖然不盡然成功）的人，但多年經驗下來，仍認為世上有三種看似重要、事實上卻無趣的話語——一是「情話」，二是「訓話」，三是「猜話」。

我們常用「情話綿綿」來形容戀人之間傳遞彼此情意的狀態，不論是熱戀、暗戀、或是陷入道德掙扎的苦戀者，總會以真愛為前提，立下自以為堅固的海誓山盟，並將自己沉溺在浪漫的氛圍中醞釀愛意、發酵熱情。照理說，好不容易突破各種難關，終獲芳心或覓得如意郎君，從此才子佳人應長相廝守、永浴愛河，享受黏人又膩不死的甜言蜜語才是……然而，在現實生活中，往往所有好話都隨著結婚儀式完成的當下，也悄悄地劃上句點。

或許是激情已過、熱情不再，但真正理由恐怕只有自己知道——「情話」，基本上是一種麻醉用語，它不在乎「劑量」的多寡、效用，或有無「保固」的品牌保證，它真正重要的用途在於滿足對方當下的需要，即使全部都是無聊的廢話或謊言，也無所謂。

以一般情侶在通話的例子來說——男問：「妳現在幹什麼呀？」女答：「想你囉！」男又問：「真的嗎？」女答：「當然是真的！那你想不想我哩？」

男回道：「這還用說嗎？就是想妳才會打電話給妳呀！」女接著說：「你是說沒有打電話的時候就不想我了？」男急辯：「怎麼可能？」女緊跟著問：「那你說說看你到底有多想我嘛？」於是男的徐徐道來：「親愛的！我愛妳、想妳的心就像地球繞著太陽跑，永遠散發著熱情，也永遠不會停止下來……」或是「天上每顆星星的身上都刺著我愛妳三個字喔……」

好，現在讓我們看看這對戀人一旦成為夫妻後，他們的對話會是什麼模樣？一日，妻子心血來潮，打電話到丈夫的辦公室問：「你現在幹什麼？」丈夫回道：「上班呀！」如果妻子接著說：「你有沒有想我呀？」多數的丈夫不是應付、便是略微不耐地回答：「有啦，有啦！」或乾脆丟一句：「廢話。」然後立即掛掉電話。「情話」在熱戀過程中自然有其重要性，但也可預見多數話語將在婚姻生活中黯然退場。

我曾在談兩性和諧的演講中開玩笑道：「假如有哪對夫妻敢保證他們的婚姻中從未發生口角或衝突，我們可以聯合起來告他們公然詐欺！」

相對的，我也要強調，如果人的成長過程中都不曾聽人教訓的話，不是說謊、矯情，就是白活了。從出生開始的父母（孤兒例外）、入學後的師長、出社會的上司或老闆，甚至範圍還可擴及朋友的朋友、親戚的姻親，或路人甲乙丙等……一定都可能讓我們面臨過「被訓話」的處境。

「訓話」中，又以帶有權威性卻冗長沉悶的內容最令人受不了。不是利用引經據典來強化其內容的可信性、真實性，就是藉由疲勞轟炸來滿足他們想掌控對方、或發洩情緒的私慾。尤其更惱人的是，結束前還要加上一頂「我所說的這一切都是為你好」的大帽子才甘願結束。所以你只要去看元旦時的總統文告、校長開朝會報告、家中父母的嘮叨等，就不難發現一個共通的現象——訓話者在上面講你的，受訓者在下面想我的。我們只要把握時機、適時回應：好、是、知道了……就可以閉目神遊、休息一下。由此可見，「訓話」是讓價值遞減的話語，透過刻板、無聊的內容，把對方推得離自己愈來愈遠。

至於說到「猜話」，有一次與朋友聊起：大家是用什麼方法來對付一些無聊的「猜話」者？我個人的作風是，對於打錯電話者一律不予計較，因為不知者無罪，甚至對於推銷或詐騙，我還能以較寬容的心來體諒，因為至少他們有一個目的與動機。只有那種自以為是又裝可愛，且故意要給你一個不怎樣的驚喜的人，我才會一律不猜，並直接告訴對方：「我的青春是用秒計算的，不容許浪費。」

也許有人會說這樣的做法似乎有點不近人情，但我不在乎。我認為電話是用來緊急聯絡與遠距溝通用的，最好讓對方長話短說，經常保持線路暢通。否則如果只為填補空虛、排遣寂寞、講電話殺時間，結果往往聊著聊著，就莫名其妙地扯出一堆是非，既不養生，更遑論健康。我相信如果你和對方心有靈犀，只要你主動報上名字，再聽對方口氣就可一窺究竟了。

猜謎語是一種益智遊戲，也是傳統民俗交流的活動，值得流傳與倡導。但「猜話」的無聊舉動能免則免，尤其請饒了智力與記憶都在一併減退中的我吧！

有一日，才有位朋友在電話中問我：「喂！妳猜我老公今年過年要帶我到哪一國去玩嗎？」我的回答是：「除了天堂以外都有可能！」掛掉她的電話後，我心想恐怕好朋友的名單上又少了一個，但也希望她理性地想一想，除台灣不算，聯合國名下有將近二百個國家，我哪來的時間去猜？

也許看倌會同情地建議：妳隨便猜一猜或坦承猜不到就打發了，何必如此嘴快？但如果我真的直接說我無法猜或猜不著的話，或許她還會嫌妳是否不願分享她的幸福，甚至損妳一句：「妳是羨慕還是嫉妒？」若妳接受挑戰，想必是沒完沒了地糾纏下去，總之左右為難。

不過，不愧是多年的老朋友，沒有因為一句話就斷了關係。今天一大清早她的電話就吵醒我，話筒那端傳來她得意的聲音：「直接告訴妳吧！我們要去的是日本！」

Oh My God！

「Thank you very much！」

之前我陸續收到幾封來自我們麻二甲之家的未婚媽媽在離開前寫下的感謝卡，內容除了感激當她們站在徬徨無助的十字路口時，我們適時伸出的援手不但給予將為人母的她們信心，使脆弱的身心不再自卑、自怨，同時更溫暖了腹中嬰兒的新生命。其中讓我很欣慰的是，雖然來自不同的卡片，但都會有一句同樣貼心的祝福：「請先生嬤一定要多保重身體，因為我們都很愛您。」用心做公益雖然很辛苦，但值得。

那時入冬後，天氣早晚溫差大，尤其遇到雨天更是又溼又冷，待在家裡都還會有冷颯颯的寒意，何況是淪落街頭的流浪者，因此建議大家不妨利用冬天的時候，全家人來個捐贈二手衣物及更新棉被的運動，經過一番清潔、整理、乾淨後，再送給需要的單位和個人，更可表達心意。至於收受二手衣的機構，上網就查得到。

以前旅居國外時，雖然三個孩子都還小，但每逢聖誕節前，我一定會告訴他們有關愛心與分享的重要性，因為它們是為人帶來快樂的源頭。

慈善不只是用錢打發、或丟棄垃圾的自私行為，而是在「給」與「受」的互動關係中學習謙卑與感謝。

當孩子們拿著他們整理好的二手玩具，直接交到貧民窟的同齡孩子們的手中時，他們照著在家已演練好的台詞說：「這是我曾經最喜愛的玩具，現在我想把它送給你，希望你會喜歡並收下。」說完，再用雙手將禮物送給對方。每次看到那些無辜、貧窮、早已忘記玩具為何物的孩子們，在接過禮物後既害羞又驚喜，常令人欣慰，又帶著幾分酸。

記得有一年，讀幼稚園大班的大女兒，在送出禮物的當下，竟對轉身離去的孩子說：「喂，我有說 Please，為什麼你沒有說 Thank You？」結果那孩子居然真的回頭向她高喊了聲：「Thank you very much！」

事後我趁機告訴孩子們，凡事要有不求回報的心理建設，但沒想到大女兒竟然抗議：「我說的是禮貌。」

::人生相談室::

黃越綏特別開講 Q&A

PART 1

人生，轉念一下

面對情緒障礙

問：最近非常低潮，覺得人生沒希望，甚至有自殺的傾向。我什麼事都做不好，反而造成別人困擾，比如我撞壞了向朋友借的車，但我和媽媽最近都有經濟壓力，賠償相當吃力；男友又剛出國工作，遠距離戀愛讓我承受不住。我發現自己無法獨處，會一直陷入負面情緒，不但失眠，也往往需要藥物來控制情緒。請黃老師幫忙，給我一些讓情緒穩定的建議，謝謝您！

答：妳好，我很高興妳願意給我來信，我的看法是：

1 妳現在處在一個極度沒有安全感、缺乏自信心的情況，遇到不如意或挫折時很容易害怕、憤怒、自責，或是逃避現實。

2 妳雖已成年，但在感情上仍相當依賴他人（媽媽及男友），經濟上也是如此，導致無法享受孤獨，反而害怕寂寞、空虛，導致自怨自艾。

3 母親的經濟情況不好，妳不妨貼心一些，主動了解狀況，給予力量與支持；男友出國工作，正是感情考驗的機會，無法獨立自主的情人其實是一種壓力和負擔，久了會讓對方疲乏和厭倦。

4 只有自己開心，才會有精力、心力去發現世界的美好。若是把自己關在無助的夢魘中，只會愈來愈悲觀，看不到希望。

我的建議是：

1 我想妳目前的身心狀況應有憂鬱症傾向，建議找心理醫生診斷，並開處方服用。

2. 每天早上醒來後，先深呼吸，然後用感恩的心告訴自己：太幸運了，我又健康地活下來了！然後想想要如何讓自己度過快樂又平安的「今天」，例如打個電話問候媽媽，Line給久未聯絡的朋友，訓練自己一個人逛街、吃晚餐、看電影，甚至可以參加國內旅行團到處走走。妳必須先打開自己封閉和自憐的心房，才能跨出新的步伐，讓新鮮空氣滋潤自己。

我期待不久的將來就能收到妳恢復信心的好消息，因為妳是如此優秀，一定做得到，加油並祝福！

痛失孩子的母親

問：今年初，我經歷了失去孩子的痛苦。當羊水破了，我以為終於可以迎接我的孩子了，沒想到孩子出生後已沒有心跳。當下只有驚嚇，但等我回病房後，我的眼淚掉不停。一週後，我埋葬了孩子，一切都是我獨自處理，孩子的父親始終沒有出現，他的理由是不忍看到孩子離去……

我一直在想，如果我在懷胎第三十五週時就選擇剖腹產，我的孩子就不會離開我了。現在只要在超市看到孕婦、剛出生的嬰兒，或貨架上的嬰兒用品，我都會想到我的孩子，如果他還活著，我就能帶他散步、逛街……。我盼望著孩子好幾年了，以為終於可以跟他見面，卻發生這種事。我總是哭泣著，怪我自己沒好好照顧他，也常常問神為什麼在賜給我後又要奪走他？

黃老師，我真不知道該如何抒發我的情緒？有些朋友建議我找心理醫師，有些朋友建議找一些經歷同樣情況的人聊聊？可以請老師給我一些建議嗎？

答：妳好，以下幾點建議，給妳參考：

1 對於妳意外的不幸，深表同情，如果人生能夠預知，每個人都不會有後悔或遺憾的事情，但生死有命，由不得人。

2 與其為不能挽回的事實而徒勞地哭泣，不如用平靜和陽光的心情，和丈夫一起努力準備另一個新生命的到來。

3 再好的醫生也只能給處方箋，要治癒心病，只有靠自己，心態改變，自己就能走出來。加油並祝福！

「剩女」？「勝女」？自己決定！

問：黃老師您好，我今年已邁入五十歲，因父母早逝，我必須肩負養育三個弟妹的責任，好不容易拉拔他們成家立業，在鬆口氣的同時，也發現自己老了，更耽誤了姻緣。雖然弟妹們都很懂事，將我視為有養育之恩的長輩，過年過節都會陪伴我，可是最近午夜夢迴時，我仍是不由自主地悲傷起來，自責當年為什麼要為弟妹們犧牲大好青春？尤其看到同事們享受著屬於自己的天倫之樂時，竟會有後悔、嫉妒和不甘心，這種扭曲的心態甚至愈來愈嚴重……。親愛的黃老師，請問我是不是變態？我對自己的行為感到很失望。

答：妳好，所謂積善之家必有餘慶，孝順的子女也必有晚福，我個人就是歷史的見證者。人性的光輝在於真愛的燃燒，人性的弱點之一則是經不起情緒的勒索和挑釁。妳並非病態，只是在面臨青春不再與衰老的情形下，難免會有孤單、寂寞、失落的挫折，及對未來缺乏信心的不安與感傷罷了。單身和年齡不是核心問題，反而是自己的心態最重要，妳一定要以自己的付出為榮，因為沒有幾個人做得到。何況不婚或無子，對現代人而言均是選擇，無關對錯，更何況結了婚也未必能保障白頭偕老，生了兒女也未必均會成龍成鳳，婚姻與家庭其實需要更大的勇氣與努力去經營。所以，我認為：

1 年齡不是問題，而魅力在於個性，請用樂觀看待未來，並拿出勇氣和信心去追求自己嚮往的愛情和伴侶，我想這也會是妳弟妹們所樂見的結果。

2 零工經濟來臨了，不妨多花時間學習主業以外的專業技能，讓自己擁有更穩定的經濟及謀生能力，生活上也比較充實。

3 圓年輕未圓的夢想，開發連自己都未發現的潛能，好好發揮。

中年若能做好老年的準備，那麼人生即使不圓滿，也可以減少遺憾。加油並祝福！

職場人際哲學

問：黃老師您好，我是一名四十歲的女性，想請教有關人際關係的事。最近剛換新工作，遇到一些喜歡在背後說人是非的前輩，主管也相當嚴格，要求我盡快上手。我知道自己的個性有點拖拉，有時也常口誤，讓我在這個新職場適應得很辛苦，但我不能沒有收入。我只是希望有份穩定的工作，但不知道要怎麼保護好自己，還希望您給我一些指引。

答：妳好！嘴長在人身上，有人的地方就有是非，既然管不了別人，至少負責好自己。職場是工作的地方，以使命必達為優先，做人其次，步步高昇是最後的考量。做事要勤快，願意全力以赴，做人則要和善，不道人是非且樂意付出，並在努力與謙卑中學習成長。或許妳可以和同事或主管懇談，了解自己的優缺點，並試圖改進，也讓主管對妳有好印象。天下沒有白吃的午餐，滾動的石頭不長苔，職缺遍地都是，要多充實自己，埋怨和卸責均於事無補。加油並祝福！

離鄉背井的焦慮

問：老師您好，我先生外派到印尼工作(剛去兩個月)，一直要我跟小孩過去，說那裡的教育環境比台灣好。但我不滿的是，他去印尼工作事前沒跟我商量，讓我們的婚姻關係很緊繃。您覺得我該怎麼做？

答：妳好，雖說離鄉背井很辛苦，但既然妳跟先生的關係很緊繃，那麼不妨利用這次的機會改變一下環境，作為人生的歷練，也是改善婚姻的契機。若是不好，隨時都可以回台灣不是嗎？人生就是一部探險記，勇敢一點，打開心扉去嘗試吧！祝福並加油！

未婚女性的憂慮

問：我是一位三十八歲的未婚熟女，年輕時仗著條件好，從不擔心男女交往與婚嫁的問題，即使邁入三十，還是不以為意，繼續當個快樂的單身女郎。不過這段期間，感情其實有些不順遂，前男友們都認為我的個性冷傲、能力太強、太獨立、不大戀家，我也深刻自省過，並嘗試附和男人對我的期望，成為一個溫柔婉約的女性。這樣的改變或許讓相親對象對我有好印象，但事實上，我偽裝得很辛苦，也不喜歡虛偽的自己，更不想為結婚而結婚。難道做自己就會讓長輩失望嗎？想請教您的專業，謝謝！

答：結婚無關好壞或對錯，完全是看自己適不適合，人一生追求的幸福不只有婚姻，對象與緣分都是可遇不可求的。父母的意見僅供參考就好，女性特質更不只有三從四德或溫柔婉約等刻板印象，不需要為了不熟悉的相親對象而委屈自己。能力強，不會失業，行動獨立，就不會過分依賴另一半，海邊都有逐臭之夫，孤芳自賞又有何不可？妳是一位新女性，要有信心做自己，加油！

人生哲學快問快答

問：為什麼幸運和成功總是站在有錢人那一邊？

答：其實未必，否則哪來的「眼看他起高樓，眼看他樓塌了」的嘲諷？努力是邁向成功的條件，而幸運則是機會的把握。

問：為什麼職場很難交到好朋友？總是充滿勾心鬥角的算計？

答：因為大多數的職場是以營利為目的，而同事既是合作又是競爭的關係，不如家人親密，也不像同學單純。勾心鬥角本就是人性弱點也。

問：為什麼每天過著安定的生活，卻依舊沒有安全和幸福的感覺？

答：幸福是主觀的感受，每個人不同。安定、踏實而知足就有安全感，平淡中製造情趣，無聊中學習新知，無奈中體恤自己和別人，希望總是在走出悲觀後才萌生，相信自己就有未來。

問：為什麼其他手足均可推卸責任，唯獨我必須照顧雙親？

答：不必追究理由，誰在乎誰，就為其多負責任。如果不甘心，你也可效仿，一旦不屑與他們為伍，就用愉悅的心情承擔，足夠的勇氣和堅定的意志是獲得成就感的重要元素。或許會吃力不討好，但父母將以你為榮。懂得回饋的人儘管孤單，但內心不會寂寞的。

PART 2

現代夫妻的相處之道

:: 人生相談室 :: 黃越綏特別開講 Q & A

七年之癢?!老公外遇了，我該如何是好？

問：黃老師您好，您的智慧讓我受惠很多，所以發生問題、無處可說的時候，總是想到您。在您接觸過的個案中，我的問題或許很普通，但還是希望向您請教。

年初我發現老公的手機裡有一張女人的照片，她雖衣著在身，卻露著內褲躺在我家床上，我因此發現老公外遇了。我氣得全身發抖，六年多的婚姻中或許有一些不美滿的地方，但我無法忍受他外遇。雖然他坦承沒和對方發生關係，我仍氣到上法院申請離婚，然而後來因諸多考量，我心軟了，試著和他繼續過下去，也要他允諾，讓我定期檢查他的手機。兩年過去了，起先度過一段和平期，後來每每要看他的手機，他總是發火。外遇事件的陰影一直盤據在我心裡，我會不斷回頭看那張照片，只要他晚上外出，我的心魔就會浮現，因為我完全不信任他。

有天晚上快十點了，他說要外出買東西，直到凌晨一點都沒回家。我徹夜狂打他電話、Line、Messenger，打了上百通始終沒人接；我甚至開車到處找他，也到Motel守門。直到早上六點半，他終於接了，說他在車上睡著了，直接開車去上班，現在人已在公司了。我整個人崩潰痛哭。當天下午，他請假回家跟我解釋，卻也怪我無理取鬧。他洗澡時，我聞他的衣褲，在大熱天的車裡睡覺竟沒有任何汗臭味？我怎能不去想他是不是和外遇對象在Motel裡過夜？我的情緒已到臨界點，他的話在我心中已毫無可信度，他憑什麼要求我相信他？我不懂男人為何一方面不願放棄婚姻，一方面又要亂來，很刺激嗎？我覺得噁心至極。

我想離婚，又離不了，女人在婚姻裡一定要如此卑微嗎？我婚前是個很獨立的女性，面對過去幾段感情總能很灑脫，但這場婚姻讓我無力自主，感覺是上輩子做錯事才要用這一生償還這種債主，我不知可以求助誰，讓我拿回人生的主導權？黃老師能給我建議嗎？我真的覺得我的人生快走不下去了，請救救我吧！

答：妳好。婚姻關係具有法律的保障，卻還是難逃背叛的下場，妳的憤怒與傷心是可以理解的，可惜在處理情感危機和挽救婚姻的方法上太過情緒化，失去冷靜和理性，也缺乏處理原則。千萬不要以「被害人」之姿作為制服對方的殺手鐧，那只是女性扭曲自己的另一迷思。

就人際關係來說，誰在乎，誰就得多負些責任。離婚不成，只是時間的問題，如果妳真的想離婚，就去請教一位好律師來協助妳完成目標；但如果想企圖挽回婚姻，就得先學會如何避免縱容自己沉浸在負面情境中。畢竟奪命連環 Call 的行為，沒有多少人可以承受。

如果妳還愛著丈夫，不妨藉此機會開始認真檢討婚姻對自己的價值，反省自己的角色扮演，也試著學習良好的溝通技巧，然後重新把他追到手。心回來人也就回來了，否則人在心不在，意義又何在？加油並祝福！

丈夫疑似和前女友有聯絡，我該怎麼辦？

問：我看到丈夫和他前女友聯絡的簡訊，內容很曖昧。由於女方在美國，兩人的聯繫是透過 Line，丈夫甚至會匯款或送禮物給他前女友。後來丈夫坦承，他前女友過得很不好，癌症初癒，身體微恙，她有三個孩子，想跟先生離婚，但沒錢、沒依靠，他只是想幫助她，加上他們從國小認識，偶爾會跟她聊聊心事，因此他始終堅稱自己和前女友是清白的，甚至說借錢給前女友是一種投資，要求我相信他。

我已經不敢奢求他與前女友斷了聯繫，而且提及此事只會惹他生氣，我害怕、難過，更怕我自己有一天情緒會爆發。更讓我氣結的是，他前女友完全不覺得她有問題，因為都是我老公主動的。原來和別人分享丈夫是這麼痛！

其實如果不談論他的前女友，我和丈夫相處還算愉快；然而只要我提及為何要傳那種曖昧的簡訊給彼此，或是為何要寄東西、送手機、匯錢給她時，他就會指控我在破壞婚姻，質疑他正常的交友行為，甚至假裝關心他、其實是在揶揄他。他已經表明了和前女友斷絕關係是不可能的，如果不能接受，要直接講，要離婚也行。

其實在家庭中，他是一位盡責的父親，也讓我免於婆媳問題。我有想過睜一隻眼、閉一隻眼，忽視他們曖昧的關係，但我沒把握自己能如此灑脫；也想過用外遇的方式報復他，但終究不忍；而離婚後，我也沒信心會過得更好；如果真的走到離婚這一步，又要如何與他協議日後彼此的出路呢？可以請您告訴我，我該挽留這段婚姻嗎？

答：妳好！愛情令人憧憬與執著，是因為它具有「唯一」的特質，沒有比情感的背叛更令人心痛，男女皆同。偏偏人性的弱點往往經不起時間的考驗，因此昔日的山盟海誓演變成今日的寃家詛咒的戲碼總是到處上演。

感情偶爾出軌，尚情有可原，然而一旦變成常態，背後動機就可議了。妳丈夫雖與前女友要好，但他最終的結婚對象是妳，表示妳比前女友更重要，妳已是贏家。只要是人，都會有不同的情感包袱，有人選擇甩掉，有人擱置，更有人背著走，而現實中的人際關係，往往是誰在乎，誰就得多負些責任。

我的建議是：

1 既然丈夫無法中止與前女友的聯繫，而妳又想維持婚姻，不妨試著原諒丈夫並選擇繼續信任。一旦信任了，就不要再疑心，更切忌翻舊帳，沒有人願意背著十字架過活。不妨多加強夫妻間的生活情趣與良性溝通的機會。

2 婚姻的意義、價值需要冷靜和謹慎地思考。如果妳真不願再委屈求全，就採取行動，找調解委員會或專業律師，為妳爭取最佳權益。

3 不論離婚協議為何，最重要的是要以子女的利益為前提考量。若不能成為夫妻，也不必變成敵人，不妨讓子女同時擁有愛他們的父親和母親。

癱瘓十年，丈夫不離不棄。但丈夫已外遇，該離開嗎？

問：黃老師您好，最近我遇到一些問題，不知該如何是好，請您幫我解惑。我在十年前發生一場嚴重的車禍，導致全身癱瘓。受傷時我已結婚，也有一個女兒，我先生一直照顧我到現在。我很感謝他這段時間的包容，但最近我發現先生疑似有外遇，我質問他，他竟暴怒說要離婚。這十年間當然也有很多問題，先生變得易怒，情緒來了就會摔東西，吵架時總怪我讓他事事不順，喝起酒來整個人會變得很恐怖，女兒因此很怕爸爸——不過他不會打人就是了。這幾天我想了很多，如果他在這段關係裡那麼不開心，我想是不是該自立自強，自己帶著女兒過新的生活。想請老師幫幫我，謝謝！（補充說明：現在的狀況是，我先生已經跟我坦承他真的有外遇。）

答：妳好，我的建議如下：

1 如果妳選擇離婚，要先確保在經濟上能獲得比現在更佳的條件，否則泥菩薩過江，自身難保，還要拖累女兒。意氣用事的結果只會造成尷尬局面，後悔而得不償失。

2 先生照顧全身癱瘓的妳長達十年，隨著他的年齡增長會更加吃力，確實很辛苦。尤其當妳先生不如意時，一定會找妳作為情緒發洩的對象。建議妳站在他的立場、體諒他一下，不用太跟他計較，到底車禍的原凶不是他，卻是一個與妳共苦的有情人。

3 人難免會犯錯，給他一點時間和空間，用柔性的勸說挽回他的心，並誠懇地告訴他，他對妳有多麼重要，所以妳不想失去他，更希望未來有一天他可以挽著女兒的手走進禮堂。

4 如果妳堅持離婚，建議找一位律師來協助妳保障自身權益。

加油並祝福。

婚姻中的金錢問題

問：老師您好，想請問關於婚姻中的經濟問題。我先生在路邊擺攤賣滷味，只要遇到下雨就沒辦法做生意，生意始終不大穩定，如今甚至已動用存款了，我真的好害怕！我建議他還是可以在雨天做生意，他說衣服濕掉很難受，於是我又替他想了兩個辦法：

1 穿兩件式雨衣，到達目的地就可以脫掉了（他說很難行動）。

2 帶衣服去更換，但他說：「我不習慣。」

目前我們家在經濟的分工是，家裡的開銷他負責，如一萬多元的房貸、五千元的租攤費、一千三百元的電話費（他自己的）、油錢、卡費、加上我的生活費三百到五百左右；其他的則都是我負擔，如家人的保險、孩子的學費、水電瓦斯、第四台費用等，結果每到月底我就只剩幾千塊。想請老師提供一些方法，讓我與先生溝通。

答：妳好！做路邊攤的生意本就辛苦，加上雨天，真是進退兩難，所謂「屋漏偏逢連夜雨」，任何人的心情都好不起來。為了一家溫飽，顯然妳是位賢內助，懂得如何幫先生解決困境，但事非經過不知難，妳先生遭受到的挫折不是外人可以體會的，當一個人總是受挫，往往會失去鬥志和信心。

建議妳不妨樂觀一點，豁出去！天無絕人之路，真的活不下去，也還有政府的補助款可以申請，或至少也有幾位親朋好友可以暫時周轉一下。雨天做不了生意，不如卸掉肩上重擔，好好跟先生在家裡煮火鍋配啤酒，暢談前塵往事，回味一下當年談戀愛的滋味。如果妳捨得跟我一樣，租房子、不背房貸、不保險，那麼就可以領會到壓得人喘不過氣來的是生活中的擔子，跟自己過不去的則是心情的轉換。加油並祝福！

生產後性慾全無！我該怎麼辦？

問：老師您好！是這樣的，我自從生完孩子後，性慾完全喪失，好像脫胎換骨，變成了聖女；但是我老公卻始終性慾旺盛，和熱戀時期一樣每天都想要。我不曾拒絕，但我不投入。我們夫妻走過許多風雨，對我依然關心、依然在乎，只是不再激情，他已不是戀人，而是家人了。我給我老公卻認定我有外遇、疑神疑鬼，我真是跳到黃河都洗不清。我給不起他要的，他也無法理解我的心。可以請老師給我們建議嗎？是不是離婚才能讓他幸福？我想繼續這段婚姻，卻不希望我們都不快樂。

答：妳好，希望妳能和先生坐下來，好好溝通這些生理、心理上的障礙，再一起到醫院找相關科系的醫生諮詢。性生活對婚姻而言很重要，不可輕忽。祝福並加油！

PART 3

接納多元性別

::人生相談室:: 黃越綏特別開講 Q&A

朋友的媽媽不接受她是同性戀？該如何幫助她？

問：黃老師您好，我朋友是同性戀，也與她的女朋友穩定交往一年多，但她母親十分傳統保守，無法接受同性戀這種「異類」，所以她始終不敢向母親坦白。最近她母親開始詢問她有無交往對象？何時帶他回來認識？她想向母親坦承，又怕刺激到她，覺得很掙扎、很痛苦。請問老師，該怎麼做比較好？

答：妳好，的確，同性戀在傳統保守人士眼中是異類，但並不表示觀念不會改變。說服需要技巧，認同需要時間。妳朋友交往才一年多，不用急，先給自己充分的時間做好心理準備，一旦決定行動，要耐心地為母親灌輸多元性別的概念，慢慢地爭取支持與認同，用時間換空間，也盡量避免正面衝突與決裂。祝福並加油！

無法接受女兒是同志，該怎麼辦？

問：黃老師，我無法接受我女兒贊成同婚，她雖沒明講，但我感覺她是同志。她八歲時曾被她繼母的朋友性騷擾，當天她就搬來與我同住。我希望我女兒和一般人一樣享有男女之愛，但她回說：「媽妳不也離婚了？」我不知怎麼辦？可以請黃老師幫忙讓我想開嗎？謝謝您！

答：妳好。同性戀是多元性別中的一種，而且多數是先天性的。妳和很多為人父母者一樣，表面上贊成同婚，但私下卻不希望自己的兒女是同性戀者，但我們要認清的是，兒女來到世上並非自願，而父母的責任就是要維護他們獨特的生存權，當全世界都展開雙手接納同性戀者時，妳豈可自卑起來？支持女兒的身分認同，就是為母則強的最佳回饋，請順其自然。同性戀者和異性戀者的愛情本質沒有差異，建議在思想和觀念上須與日俱進，才不會被淘汰。加油並祝福！

同志間的親密暴力

問：最近看了一些討論情緒控管、家庭暴力的節目，我因此對自己目前的狀態不太有信心，不曉得該怎麼辦。我曾在醫院做過精神鑑定，被診斷出有一點邊緣性人格障礙，醫生說有可能是從小跟媽媽相處的關係。

我是一位女同志，在國外留學、工作多年，在二十五歲時認識一位女朋友，交往五年，期間我好多次因情緒失控出手打她，我雖然有向醫院精神科求助治療，但因為雙方關係本來就不好，而我也認識了其他女生，認為再繼續下去只是惡性循環，所以便與她結束關係，開始另一段戀情。

我和新任女友並沒有住在一起，也沒有因為生活小事而爭吵，但因為對方是已婚人士，我無法忍受她繼續與她先生有性行為，因而再次情緒失控、對她出手，關係也無疾而終。

在第一段關係中，我自認先出手是不對的，但對方個性強勢、急性子，說話總是刺耳，這不也是一種言語暴力嗎？現在回想起來，自己和她不大合，否則一個巴掌哪能拍得響？不過我還是對自己的暴力傾向感到後悔與恐懼。我只接受過一次心理諮商，目前持續使用藥物治療。最近三個月因為工作與感情不是很順遂，所以正在治療、休息中。我不想跟媽媽同住，在國外也有女朋友，所以我想到國外工作生活。我不想重蹈覆轍，既傷害自己也傷害心愛的人，只是實在很沒自信，不曉得該怎麼辦？希望可以給我一點建議。謝謝。

答：妳好！很高興妳是個擁有反省能力，又願意因自己暴力的行為而就醫的人，不論醫生的診斷如何，最重要的是妳有改善和改變的勇氣與決心。過去的生命歷程均僅供參考（包括幼年與母親的關係），對已成年的妳而言，目前和未來的生活安排才是最現實、最實際、最重要的部分。要訓練自己情緒再失控也不要用暴力解決，暴力不但解決不了問題，更徒增問題的困難度和複雜性，只會讓自己陷在難過與懊悔的負面回憶中。人際關係要建立真正的自信，少些固執的主觀和強勢的掌控權，要坦誠面對，而非一味地逃避，每天鼓勵自己努力去學習改變，日久就會發現，原來自己是有能力改變的人。加油並祝福！

∷人生相談室∷

黃越綏特別開講Q&A

PART 4

讓長照的路上更安心

父母日漸老化，身體病痛不斷，兒女該如何應對與面對？

問：黃老師您好，想請問您，父母年老，身體常有不適，身為子女不能代替其受苦，卻又擔心不已和捨不得，子女們該如何應對此過程，進而取代煩躁和焦慮呢？謝謝！

答：長照已經是社會普遍的問題，也是政府面對最大的挑戰之一。子女會擔心長輩的健康是人之常情，但再孝順也無法承擔年邁父母其切身的病痛。我個人認為，不論父母健康或生病，老年人最怕在孤獨中被邊緣化或遺棄的威脅，而陪伴一向都是父母最期待和需要的生命力，有了親情的陪伴，在心理上會比較有信心，也會感覺自己存在的價值，可慰藉他們的情緒。

往往為人子女都會以太忙或沒有時間為理由，其實都是藉口，父母用其一生無怨無悔地陪伴我們，而子女卻在父母老了、病了、需要人時才偶爾伸出援手，付出的同時卻也算計著利益得失，實在不堪。

妳會問我這個問題，表示妳是位孝順的好女兒，妳現在最需要的是給自己正面的心理建設，盡量做好時間安排，發揮最大的耐性，以及珍惜可以和父母親相處的時光，藉著照顧長輩的過程，學習如何安排自己的老年。

生死有命，富貴在天，非宿命也，而是順其自然，人生終須一別，即使是恩重如山的父母也不例外。我常告訴子女，最大的孝順就是照顧好自己，希望妳也一樣。加油並祝福！

我該拿薪水貼補父母的家用嗎？

問：黃老師您好，不好意思，想請問您，我最近開始工作了，父母要求我給予三分之一的薪水貼補家用，我有跟家人討論過，能不能拿少一點，因為我想存錢，將來可以進修或創業，但家人的態度很強硬，他們總說養我這麼多年，跟我拿個錢也才拿幾年？可是我會想，生下小孩，真的就是要他們來養活自己的後半輩子嗎？加上我從大學開始，靠著就學貸款及打工負擔學費、生活費，沒有跟他們要過錢。說到最後，家人總回說我很會算、愛計較，溝通陷入僵局。請問老師，我該怎麼與家人溝通，不讓關係更惡化？謝謝您！

答：你好，我想你父母親應該是窮怕了，沒有錢，就會缺乏安全感。錢是人的膽，一塊錢也能餓死一條好漢。但人不為己，天誅地滅，你能省吃儉用、拿薪水的三分之一回饋給父母親，我覺得已經夠孝順了，不要太委屈自己了。

以我為例，年輕時所賺的每一分錢都貢獻給家人，可是世間人情薄如紙、船過水無痕，有時稍稍和家人提及自己的貢獻，往往像是在討人情，最後反而自討無趣。

你能誕生於世，仍要心存感激，因此和父母對話時不要過於情緒化，也無須花太多口舌為自己辯解，公道自在人心。你只要按月匯錢，久了他們也就會習慣並接受你的作風，最重要的是一年三節（過年／生日／父或母親節）的孝敬金，再加些碼也就天下太平了。加油並祝福！

年邁的父親生病，捨不得花錢就醫，該如何是好？

問：老師好，我該如何面對我父親目前的情況呢？父親早年對家庭並不負責，如今六十四歲的他找到了一份工作，一做做了六年，想要彌補我們，不想和我們伸手拿錢，也常買很多菜為家人煮一頓好料，這都是他關心我們的舉動。

不過他的身體漸漸出狀況，髖關節退化，二十多年前開刀誤植的鐵片也未取出，若要手術，他可能無法再做粗工，加上明年就要六十五歲，工廠不會再用他了。身為子女，我們感謝他這些年的付出，因此想勸他休息，正視身體健康，不捨他承受病體的疼痛。我們應該如何支持父親呢？謝謝老師。

答：你父親終於不再缺席，而你們也懂得珍惜這份遲來的親情，實在值得慶賀。可惜父親受病痛折磨，讓你們深感不安。沒有健康幸福，難免有憾。我建議好好與父親溝通，讓他知道他不用工作，子女也會孝順他。也請父親體諒你們擔心他的心情，請他配合就醫，而你們也可隨侍在旁，了解應如何醫療。在臺灣，髖關節手術成功率已相當高，還請放心。加油並祝福！

父母老了總是嘴碎，該如何應付？

問：黃老師您好，有一個問題請教您。我媽媽總會一邊數落我們兒女的不是，卻又一邊享用我們孝敬她的保健品，久而久之，心裡難免不平衡，也很疲倦。我們該如何對應，才不會傷害母親呢？

答：兒女是父母親的寶，總會為兒女操心，養成了叮嚀再叮嚀的習慣。孩子還小的時候，或許是一種慈愛的表現，但若不隨著子女成長改變關心的方式，不免會變成話不投機的狀況，也讓子女產生壓力。我想妳母親給妳的感受大概就是如此，與其不屑、不解、不耐，不如找適當的機會和母親溝通，不然就是盡可能體恤她的立場。別忘了妳有她的基因，今天的母親，可能就是明天的妳。加油並祝福！

∷人生相談室∷ 黃越綏特別開講Q&A

PART 5

家庭間的疑難雜症

兒子有啃老的跡象，我該怎麼辦？

問：黃老師您好，常常看您在節目上分享對時事的精闢見解，很是景仰，不知您是否願意給我一些建議呢？我有一個退伍半年的兒子，似乎沒有想找工作的跡象，每天眼睛睜開就是打電玩，標準的宅男一個，也沒朋友，更不知規劃自己的未來，實在很煩惱。請教老師，我應如何引領他走出電玩的世界呢？可以給我一些建議嗎？謝謝您！

答：妳好，軍中的紀律生活很辛苦，兒子才退伍半年，就讓他好好享受一下自由自在的生活吧！喜歡電玩只是興趣，而非宅男的專有名詞。為母愛子心切不難理解，但不用急著催他去工作，因為在他未來漫長的四、五十年歲月裡，他勢必每天都要去職場報到。再過一陣子，他即將面對學校與軍中同儕投入職場的分享，相信他會開始認真地面對自己，尤其交女朋友後，他的女友更饒不過他。電玩是普遍的娛樂，電競更即將列入奧運的比賽項目，因此家長的思維不妨與時俱進。況且兒子已是成年人，多用鼓勵取代嘮叨。加油並祝福！

好賭的爸爸與弟弟欠下賭債，該如何是好？

問：黃老師您好，首先介紹一下我的家庭背景：爺爺擁有多筆不動產，膝下共有六個小孩，我爸爸是老么，在爺爺去世後，他繼承了其中三間房子。但爸爸是個職業賭徒，從我有記憶以來，他不曾從事過正常的職業，僅靠爺爺的積蓄來維持他的生活開銷。還記得在我小時候，爸爸因投資失利與賭博欠債，讓爺爺賣了一棟樓來幫他還債。

媽媽是一位相當傳統的女性，無業，以夫為天，無論爸爸做什麼事情，她總是站在他那邊、為他說話、替他跟我借錢。我已經結婚，跟老公一起經營一家小公司，有自己的房子跟固定收入，生活品質還算滿足。

至於我弟弟，不知是不是受家庭環境影響，他大一就學會了賭博，一開始輸個幾萬元時，會假裝出車禍，用賠對方修車費的理由跟我借錢，後來愈借愈多，才拆穿他的謊言。原以為不借錢給他，他便不會再動賭博的念頭，沒想到又發生更嚴重的事。去年，爺爺去世的第六年，爸爸賭光了他繼承的所有房產，此外還累積了為數不小的賭債跟卡債。此時，弟弟又補上一刀，賭博欠了好幾百萬，黑道都找上門要債了。於是爸爸帶著媽媽、弟弟跑到美國投靠朋友，只是朋友也不幫忙，他們只好回國，躲在鄉下。

經過這次的傾家蕩產與像耗子般的狼狽，加上我好話、壞話說盡，原以為爸爸會改過向善，結果還是有好幾次被我抓到他去賭博，也不想找工作；反而是媽媽跟弟弟開始求職、重新生活，但媽媽還是維護著爸爸，替他說些不知所云的藉口。

請問老師，好賭之徒真的無藥可救了嗎？我該如何面對這個家庭？要怎麼跟爸媽溝通，讓他們了解子女只是希望他們能像正常人一樣，有個穩定的工作與收入，而不是一輩子靠賭過生活。

答：妳爺爺是重男輕女的傳統長輩，一生拚命賺錢，就是為了給自己的子孫後代享福，但子女多管教不易，加上父老子幼，因此么兒總是因得寵而放任揮霍，導致妳父親有恃無恐地沉迷於賭博惡習中，而任何惡習都是引誘生命走向滅亡的毒藥。好賭者彷彿是一個總是叫不醒的嗜睡者，父母的身教、言教更是影響子女甚深，妳弟弟就是近墨者黑的實例。

妳已成家，要好好經營自己的人生，莫因小失大，更無須以婦人之仁陪葬自己，否則只會在悲劇上多加一筆罷了。加油並祝福！

重男輕女的母親待我如外人，弟弟敗家不理事。身為女兒，我應該孝敬父母嗎？

問：黃老師您好，有一個問題想請教您。我媽媽是一位重男輕女的傳統婦女，我娘家的房子已經被我弟弟敗光，她老人家現在是自己租房子。原本我們以為媽媽已經對弟弟徹底失望了，結果弟弟一開口邀約，媽媽就說要跟著弟弟去台中住。我們知道弟弟是不會照顧老人家的，尤其我爸爸是失智症患者，弟弟從來沒有照顧過，都是我們女兒在照顧。想請教您，我們該如何看待此事？應該讓爸媽跟著弟弟受苦嗎？媽媽對待我們女兒猶如外人，一直不信任我們，在我們心裡總是有一個檻過不去。謝謝您！

答：妳好！對妳來說，妳的弟弟是個敗家子，可是對妳的父母親而言，他還是他們的寶貝兒子，尤其對重男輕女的父母而言更是。因此不妨趁此機會讓父母跟著妳弟弟住，因為這是老人家自己的選擇，只有讓他們嘗試與體驗後果，才能分辨出好壞。只要在臨走前交代妳母親，如果覺得跟弟弟住不習慣的話就回來，同時也要好好跟弟弟說：「爸媽就麻煩和拜託你了。」口不出惡言是給彼此留後路，因為父母最傷心難過的莫過於子女不合、爭吵不休。也唯有如此，妳弟弟才能感受到姊妹們照顧父母的辛苦，而妳母親也才知道有孝順的女兒作後盾是多麼幸運的一件事。

姊夫外遇，我想幫助姊姊脫離痛苦，該如何是好？

問：黃老師您好，最近我姊姊發現姊夫出軌，並和小三出遊，雖然姊夫狡辯否認，但以我對姊夫的了解，出軌不但是事實，小三更有可能懷孕了。很不幸的是，姊姊也發現自己有孕，他們已生了一兒一女，他們不大可能再負擔第三個小孩，所以她決定墮胎，也做了避孕環。從姊姊懷孕到墮胎，姊夫一直說要解決這件事，但始終冷處理，連醫院也是姊姊自己去的，看到姊姊這樣，真的很心痛。我很想發訊息告訴姊夫，如果小三真的懷孕，我會用盡方法殺了她，讓他後悔。

姊姊之前就要求姊夫結紮，但他一直沒做，反而是我姊姊受苦，我很擔心哪一天小三找上門說她懷孕了，而姊夫的媽媽其實就是因為婚外情才生下兒女的，說不定會因為移情作用接納小三，到時受傷的又是我姊姊。

我不想要姊姊被傷害，我該發訊息警告姊夫嗎？或是警告小三？還是什麼都不做，先看事情發展？我很疑惑，怕做錯了反而害了姊姊。黃老師，抱歉，麻煩您了。

答：台灣有一句諺語：「人吃米粉你呼燒。」（皇帝不急，急死太監），妳姊姊已經是成年人，又是兩個孩子的媽，她對自己的婚姻狀況應該比妳更了解，所以不論妳姊姊的未來還是這起外遇事件，她將採取什麼行動，其實都和妳無關。

過分熱心只會讓自己陷入是非的漩渦中，尤其千萬不要隨便放重話說妳要殺了小三，這種恐嚇的負面情緒語言是要負法律責任的。姊妹情深但愛莫能助的狀況下，最好的辦法就是陪伴姊姊，當她的情緒垃圾桶。加油並祝福！

傳宗接代的傳統觀念

問：老師您好，想請教您一些問題。我哥嫂已結婚五年，還沒生小孩，主要原因是我哥不想生，但父母的觀念比較守舊，認為一定要傳宗接代，他們一談到這個話題就是吵架。我是中間人，無法勸導我哥（只要談到一點他就不耐煩），偶爾會勸父母，類似「什麼年代了？生兒育女不一定好，你們過得好、身體健康就好了……」感覺父母有一點讓步了，認為有生就好，男女都沒關係，可是哥還是不想生，父母甚至氣到要跟他斷絕親子關係，但終究不敢跟他說，我卻聽了五年的埋怨，讓我很心煩，然而父母也只能跟我說。兩方都很頑固，我相當為難，想請問老師我該怎麼辦？該怎麼勸雙方，還是要怎麼改變我自己？

答：你好，這是觀念和溝通技巧的問題，父母親對於你大哥不願生兒育女的決定當然會失望，但你大哥也有選擇自己生活方式的權利。你不妨跟你大哥反應，希望他不要讓你夾在中間為難，至於你們父母若再提及此事，希望大家都有默契，用同理心體諒父母心，並口徑一致說：「好，只要緣分到了，自然會水道渠成。」加油並祝福！

年邁老爸疑似外遇，我該怎麼辦？

問：黃老師您好，我母親最近從中部上來幫我帶小孩，談到了我父親疑似外遇的事。我父母的互動其實有點缺乏溝通，不過雖然吵吵鬧鬧許多年，倒也相安無事，父親對子女負責，也從未聽過有什麼花邊新聞。但近日我發現父親在 Line 上與一名女子有親密對話，而媽媽也說父親有上按摩店的習慣，該女子可能是按摩小姐。現在家父每天和那位小姐情話綿綿，對話頗為露骨。目前家人都不知道這件事，我也不知道怎麼處理，更不知他們若已發生性關係，我該如何是好？是否能請博學多聞的黃老師提供建議？若有打擾之處，請見諒。

答：已成年的子女和父母親的關係，最好保持距離，大智若愚、明哲保身，事到臨頭，再見招拆招。

父親愛賭博，勸都沒用！該如何是好？

問：老師您好！我父親愛賭博，怎麼勸說都沒用，年輕時把阿公的地拿去借錢賭博，至今土地仍是被法院查封的狀態，他的兄弟都看不起他，連我兄妹也不想認他，更希望媽媽跟他離婚。他現在自己一人在外賺錢，但薪水常是用來還賭債，幾乎沒錢吃飯，最近要跟我借錢。我雖有在賺錢，但養家壓力大，也沒多餘的錢借他，我該如何是好？請老師指點。

答：你好！雖說天下無不是的父母，但好賭是無底洞，何況你自己有家要養，因此建議你可用哀兵策略向父親訴苦，表示自己心有餘而力不足，請他見諒，甚至希望他能幫你忙，讓他知難而退，再不然就是保持距離，以策安全，但切忌用教訓的口氣以下犯上。加油並祝福！

大姑對我出言不遜甚至動手，很想離婚，該怎麼辦？

問：老師好，有個困擾要請教您。我有一個大姑，有精神科的就診紀錄。之前和她相處，她曾誣賴我偷她東西，還出手毆打我，我們因此有三、四年沒有任何互動。今年母親節在婆家聚餐，她又藉故辱罵我生不出男孩、沒教養、滾回去等不堪入耳的字眼，我婆婆人在現場，卻沒有任何反應，我老公則是先帶我回家，再帶小孩去大姑家找表妹玩，他自己最後卻是回婆婆家。事發至今已經快三個月了，我無法釋懷，很想離婚，根本不知如何解決這個問題。

答：妳好！先建議妳和大姑保持距離，以策安全。至於妳和丈夫沒和公婆同住，妳何必太在意丈夫、子女與夫家的互動關係？換個立場想，如果是發生在娘家，妳會如何處理？離婚不見得是壞事，但要想清楚有無必要性和迫切性？何況婆婆和大姑再怎麼疼妳的小孩，也改變不了妳母親的地位，反而當丈夫帶子女回婆家時，妳剛好樂得清靜，安排自己的生活。嫉妒、憤怒、不安都是負面情緒，只會令人不開心，大環境不能改變，小環境可以創造，等心情平靜後，再選個時機和解吧！加油並祝福！

::人生相談室::黃越綏特別開講Q&A

PART 6

婆媳相處之道

教育理念與公婆不同，該如何是好？

問：黃老師您好，我是您的讀者，很喜歡您的文章及理念。現在遇到一個很困擾我的問題，不知道該怎麼辦？所以冒昧請教您。

事情是這樣子的，大女兒結婚兩年，與公婆同住，本來生活都很好，沒什麼問題，但自從小孩出生後，在教育小孩的理念跟公婆有出入，加上我女兒說話比較直接，也缺乏一些臉部表情，常引起公婆誤會。雖然女兒在嫁進去前，有先與婆婆說明自己的個性，希望婆婆若感覺被冒犯時，可以直接跟她溝通。最近在她不知情的情況下，讓婆婆覺得不舒服，可是婆婆並沒有當面跟女兒溝通，她是後來才從手機訊息、或臉書貼文上得知的。女兒向婆婆道歉，也請婆婆直言，自己不會介意的。然而婆婆仍是不願正面和女兒溝通，繼續用臉書ＰＯ文的方式說女兒的不是。

我本身跟她婆婆的交情還不錯，但發生這些事情，我不知該不該介入？看到女兒心情不好、悶悶不樂，身為媽媽的我又很不捨。女兒說過，與婆婆的磨合，她可以忍耐，但女婿始終沒有主動安慰女兒，讓她感覺在夫家好像是被孤立了。女兒也曾提議搬出去住，但女婿又不願意，女兒不禁問我，這段婚姻還能繼續下去嗎？曾經在電視上聽黃老師說過：「當夫妻有任何爭執的時候，當岳母的要停住腳步，不要妄自行動，除非有人向妳求救。」現在我女兒向我求救了，我該怎麼辦呢？

答：成年人的事情，我建議由女兒自己來解決，妳出面或許並非良策。但因妳與親家母關係不錯，不妨私下請她吃飯或喝下午茶，側面了解婆媳間的問題徵結，也詢問對方是否希望妳帶女兒當面向她道歉。

搬出婆家可能有困難，很明顯的女婿也不同意，但還是請女兒不要輕易放棄婚姻，溝通不良是每個人都會遭遇的人際問題，只是婆媳因朝夕相處，比較敏感、複雜。所謂「伸手不打笑臉人」，讓女兒真誠道歉，裝傻撒嬌、不頂撞、不打破砂鍋問到底，更不要鑽牛角尖，心胸要放寬，不要小題大作，跟自己和別人過不去。

人心是肉做的，婆婆終究會心軟接受。至於對孩子教育的建議，相信大家都是以善意為出發點，聽聽婆婆的也無妨，無須跟婆婆計較或吃味。不妨買本拙作《婆媳學問大》送女兒，也許有幫助，加油並祝福！

承擔照顧公公的重擔，身心俱疲，該如何排解？

問：我常常在電視上看到黃老師的言談，很喜歡您的幽默與智慧。最近我有點無助，但不想麻煩親友，所以求助黃老師。

公公已中風十八年，我大伯以照顧公公為由，要公公把房子、車子過戶給他，沒想到大伯卻食言，後續的照顧落在我跟老公身上。我老公必須每天背公公上下樓，導致脊椎受傷，無法工作，由我負責扛起家計，除了擔憂公公的醫療費，也掛心老公的身體，讓我身心俱疲，很想離開家。老公脾氣好，對他大哥還是一樣尊重，卻讓我很無言，說真的，我不認同這種人。我想離開家，但整個家勢必會一團亂，我必須堅強，卻疲憊至極。現在我從事保養品的買賣，經營網購業務，每天煩憂家中經濟、老公的健康，我自己也必須看身心科，靠藥物讓情緒平穩，我不知道自己還能撐多久？

答：妳好，我對妳的現況感到相當不捨。妳先生願意扛下照顧父親的重責，對食言的兄長也沒有任何怨言，堪稱孝德表率。妳可以不認同大伯，但還是要維持基本的尊重。妳首先必須將心中的結打開，不要再去跟大伯大嫂們計較，而是與他們認真地討論如何分擔照顧公公的責任，不出勞力，也應出錢。再來就是好好安慰、鼓勵妳先生，尤其要在孩子及親朋面前給他更多掌聲。至於擁有多重事業的妳，肯定是一個有能力、才華與人緣的人，因此要以自己的成就為榮，學會放鬆，不要再鑽牛角尖，也不要累壞自己，錢可以解決的都是小事。只有懂得在成就中製造快樂的人，才是真正的幸福者。加油並祝福！

住家裡就要給婆婆錢？到底合不合理？

問：黃老師，婆家說若我們選擇住家裡，就要每月給婆婆三千元，這樣合理嗎？我爸媽養我這麼大，都沒跟我要過錢，我剛到一個陌生的家庭，就要向婆家貢獻三千元，這樣有道理嗎？是他自己要娶我進門的，當初也沒事先跟我講，我現在該怎麼應對？

答：婚前、婚後，丈夫沒跟妻子說的事應該很多吧。一個月三千元，等於一天一百塊錢，數目並不大，何必為此跟婆家計較、傷夫妻感情？更不要動不動就把婆家和娘家拿來作比較。能力許可的話，建議妳還是要補貼家用給娘家。結婚代表有獨立成家的能力，娘家是後盾，但非長期避難所，盡量避免把婚姻中的障礙和挑戰往娘家丟。加油！

婆媳間的鴻溝，該如何解決？

問：黃老師您好，因為您是婆媳間的最佳代表，總能提供兩方最好的意見，因此想請教您若遇到下述情況時，作為媳婦角色該如何應對為佳呢？感激不盡！

圍爐夜當晚，印證了「距離美」的真諦。今年我們邀請平時住加拿大的公婆來家裡圍爐，吃飯時家裡出現了蟑螂，當下本能反應就是拿掃把來解決，婆婆卻大聲地說：「大過年不能殺生，說不一定是妳阿嬤化成蟑螂來看妳！」我微笑回答：「我想應該不會化成蟑螂吧。」她隨即反問：「不然會變什麼？」當下我壓抑情緒回答：「前幾天在花圃看到小白蝶飛舞，我想那應該才是她吧！不然怎麼可能飛得上八樓？」事情雖然已過，但我該如何讓婆婆了解，她的話語讓我不舒服呢？再次感謝老師。

答：妳好，現代媳婦的小確幸，其中之一就是不用跟公婆住，所以妳應該算是個幸運者，只有在圍爐時才須跟公婆相處。婆媳問題之所以難解，全因心結而生，同樣的對話來自一般母女就不會有這些紛擾，因為彼此早已習慣對方的個性、習慣與生活方式，即使衝突中有些不愉快，也不致於耿耿於懷或記恨一輩子，甚至還會主動找理由去原諒和補償對方。但婆媳不一樣，因成長背景、身分、立場、想法不同，還要同時深愛著一個扮演兒子又是丈夫的男人，更讓潛藏的衝突白熱化，因此在宣示主權的攻防上，難免帶有主觀的意見，即使向對方表達真心，也可能因為雙方表達與認知上的差異而大打折扣。

西方雖沒有孝順的觀念，但還是會要求後輩能在彼此尊重的前提下順從對方。如果和長輩爭辯、論輸贏，能獲得名次或重金，則不妨一試，但若因此得罪公婆或丈夫，自己也未必能稱心如意的話，又何必？來者是客，何況是稀客，小不忍則亂大謀，而山不轉路轉。妳是聰明人，希望我以上的分析對妳有所幫助。

公媳問題，該如何解？

問：老師您好，別人家裡都是婆媳問題，但我家卻是「公媳問題」。公公很不滿大嫂的種種，總在背後評論大嫂的不是，而哥哥也不會維護大嫂，常讓大嫂處境為難，連我這小姑看了都覺得她好可憐。還好沒有住在一起，只有假日會帶孫女回來看阿公阿嬤。請問作為小姑，我要如何幫忙她，讓她在我家比較好過？謝謝！

答：妳爸爸不滿意媳婦，卻只是在背後犯嘀咕，可見他也不想把關係搞壞。妳只要私下給予大嫂安慰和鼓勵就好，不然恐怕會公親變事主，加油並祝福！

總是跟婆婆吵架，該怎麼辦？

問：黃老師您好，我跟婆婆有一些相處上的問題，想請您給我一點建議。婆婆很愛找我麻煩，三天一小吵、五天一大吵，東西不管貴不貴重，不見了就是一口賴在我頭上。念國二的小孩掉了健保卡，婆婆也是指責我，而不是檢討一個國中生為何沒有保管東西的能力？婆婆什麼都要管，小到我的貼身衣褲，大到夫妻生活也要插一腳……我有點累了，可以請黃老師給我建議嗎？

答：妳好，根據妳簡易來信的內容判斷，可見妳和婆婆的生活習性和處事態度相差甚遠，若搬出去保持距離最好；不然也建議自省一下（為什麼國二的孩子連保管東西的能力都沒教好？為什麼貼身衣褲都會令婆婆生氣？），是自己太懶散、不細心、無法以身作則，還是忠言逆耳，因討厭婆婆而不想改善？

妳有多久沒邀請婆婆逛百貨公司或單獨請她吃頓飯了？婆媳心平氣和地溝通是很重要的，不妨參考拙作《婆媳學問大》的應對眉角。加油並祝福！

PART 7

單親家庭不擔心

離婚後撫養權不在手上，但我很擔心孩子，該怎麼辦？

問：黃老師，您好，我是一個單親媽媽，我於前年離婚，有三個小孩歸男方撫養，但我沒放棄監護權，因對方雖承諾我保有探視權，但也擔心之後對方變卦。離婚後，我也沒離開，而是住在附近，因為我大兒子說：「媽媽，如果妳走了，我會恨妳一輩子。」小女兒是我最擔心的，她才讀小班，我捨不得她。我的上班時間是下午五點半到午夜一點半，我前夫說想見小孩，自己想辦法，於是小孩四點下課，我馬上就去接，哪怕短短的一個鐘頭都沒關係，只要和他們相處我都很開心。可是每到我離開時孩子就會哭，說不願意回去，大家都愛罵她，也愛在她面前說我不是，她根本就不想回去。我覺得孩子在心靈上已經受到傷害，我現在也不知該怎麼教育她、幫助她？我該怎麼做才好？

答：既然已經做出決定，就不要後悔，凡事向前看！父母會老，子女會長大，要關心付出，但不占有。每天都有一小時的時間好好相處，勝過整天的無心與疏忽。下面幾件事，請盡力做到：

1 只關心孩子，但不占有，讓孩子知道雖然母親無法長伴，但需要時，媽媽一定會出現。

2 盡量不要回應前夫及其父母的負面批判或中傷，孩子長大自會分辨。

3 要和學校老師保持良好的溝通管道，掌握孩子在學校的情形，多利用手機留言或小卡片表達關懷，生日時適時給予母愛。

4 要多愛自己，唯有人格、經濟、感情在挫折下都能獨立的人，才能面對失婚後的振作。加油！

單親媽媽該如何正確教養青少年女兒？

問：黃老師，我是個單親媽媽，女兒今年大一，前陣子跟男友發生性關係，我很生氣，也為女兒感到不值，和她爭吵。我很想問對方家長對兩個孩子的行為有何看法，但他們選擇神隱，直接封鎖我的電話。三天後，男友偷打給她，他們依舊繼續交往。女兒的決定讓我心碎，我很想死，但我的死亡會成為女兒一輩子的陰影。現在的我生不如死，您能幫幫我嗎？

答：妳好，吾家有女初長成，妳應該要感到欣慰，表示妳的養育責任可以卸下了。妳女兒已成年，有男朋友或發生性行為也是時下普遍的現象，請不用大驚小怪，這是成年人兩情相悅下的自主行為。如果要關心她會不會變成未婚媽媽的話，應該可以跟女兒私下溝通，提供她健全的性觀念和安全措施，而不是直接打電話質問男方家長。他們只是情侶關係，對方的父母須負什麼責任？這是一個既無禮又無知的幼稚行為，妳的行為只會令女兒更難堪罷了。萬一將來他們真的成為夫妻，豈不尷尬？

如果是真愛，就讓他們繼續交往，如果妳發現男孩的人品不佳，妳也只能提醒女兒。希望妳能冷靜下來，好好跟女兒溝通，而非歇斯底里地衝動和嚇阻，過度干涉只會讓妳女兒積極與對方站在同一陣線，而妳們母女之間的感情反而會日漸疏遠。

愛女兒，就是要讓她展開雙翅、自由單飛，自己寫她的人生，一個智慧、開明的母親是給予祝福並提供一個溫暖的避風港，而不是用情緒化來勒索與掌控。加油並祝福！

單親媽媽教養的撇步

問：您好，我是位單親媽媽，有一個小一的女兒，做事、吃飯、各種生活細節都拖拖拉拉，一旦給她限時，她又會像無頭蒼蠅亂了頭緒。每天七點起床，七點半仍無法吃完早餐，總要到門口才想起要穿襪子；因為我八點要上班，變得我比她還緊張，導致每天早上都在火氣中度過，好說歹說都沒改進。我前年曾經腦幹小出血，再這樣下去，我怕身體會受不了，想請問老師有沒有什麼建議可以提供？十分感謝。

答：親愛的單親媽媽，孩子的生活態度來自從小的養成教育，幼兒和寵物一樣，需要教他規矩，而且愈小愈好。一個定時吃、睡、拉、起床的孩子，絕對會比過於隨性的孩子健康，也更好帶。

老實說，小一女兒的生活態度恐怕是母親早先對她管教的疏忽導致的。打罵對孩子只有暫時性的恐嚇，出氣反而傷了自己的身心，因此不妨這麼做：

1 以其人之道還治其人之身，嘗試用誘導的方式教導她。例如答應帶她出去玩，可是時間到了，母親故意拖拖拉拉的，讓她在旁邊乾焦急，幾次後，她就知道這感覺不好受。

2 跟老師商量，由老師出面鼓勵她，只要媽媽跟老師證明她準時起床並配合作息的話，就給她一個正面鼓勵。

3 七點起床，半小時內要完成妳的要求，似乎對小一生而言有點倉促，因此建議晚上九點前陪她上床，六點半起床，睡眠充足，準備時間也夠，母女彼此都可以獲得滿足。加油並祝福！

孩子父親早逝，該如何與孩子一同面對？

問：黃老師，真不好意思，打擾了，很想向您求助。我先生在小孩三歲時因病離世，如今孩子已滿五歲，平常算是乖巧。然而有次學校舉辦親子運動會，他突然說：「其他人的爸爸媽媽都要去運動會，但我的爸爸去當天使了。」說著說著，他就哭了，說他很想爸爸，很想再看爸爸一次。我真的心很痛，也很不捨，雖然他還小，卻比其他小孩更能忍受思念。我跟他說你想哭就哭，沒關係，哭完會好點……但其實我也不知道該怎麼引導剛滿五歲的孩子排解他的悲傷和思念。想懇求黃老師給我一些建議，我該如何幫助我的孩子，讓他能正面了解與接受這一切？謝謝老師。

答：當單親媽媽的辛苦，除了經濟壓力加重外，也因少了父親的陪伴，常會對子女感到歉疚，這是成長必經的挫折和挑戰。

孩子還小，或許可以告訴他爸爸雖然不能親自參加，但正在天上為你鼓掌、加油之類的安慰，當然也可以多找幾位親朋，替代父親一起去幫他加油。

時間是最能幫助療傷的力量，隨著年齡和理解力的增長，他會慢慢地適應，也會知道勇敢與正向面對是生存的不二法門。家長不能跟著子女自怨自艾，而要用樂觀積極的態度引導孩子前進，加油並祝福！

::人生相談室::

黃越綏特別開講Q&A

PART 8

戀愛悄悄話

與已婚人士發生關係，感情已陷下去，我該怎麼辦？

問：黃老師，您好，我是個中年的單親婦女，離婚已經十年，曾得過憂鬱症，慶幸的是三個孩子都大了，也很孝順我。去年在網路上遇到一位男性朋友，他的氣質、態度都很好，第一次見面他還特別請假，他的真誠感動我，所以當天我們就發生了關係。後來才知道他是已婚的公務人員，且逐漸發現所有事情都是他在掌控，比如不能打電話給他、要他提出見面才可以見面、連他在哪個單位服務也不讓我知道，似乎見面就是為了做愛，這令我很不平衡，幾次都想結束這種自欺欺人的感情，但他卻打死不退！最近我身體不好，要住院，他也不願意來探望我，一切好像都是他在決定。我希望好聚好散，卻困難重重。請教黃老師，我應該要怎麼解決？

答：妳好，人生有兩大關卡，一是錢關，二是情關。戀愛是浪漫而令人陶醉的夢幻，而激情是慾念的宣洩，可惜妳把這位偷情對象當成白馬王子，其實對方只是個偽君子，瞞著妻子占有妳，卻又不敢坦承以對，妳不該再自欺欺人，留戀這段不倫戀。

想想三個孝順的子女，都正值論及婚嫁的年齡，如果他們的對象知道妳破壞別人的婚姻，恐怕連子女的幸福都要一起毀滅。快刀斬亂麻是唯一的辦法，加油並祝福！

男友想趕快結婚，但我想先拚事業？該如何溝通？

問：我今年二十三歲，跟男友遠距離交往中，他希望在二十九歲前趕快結婚。他家境不錯，只不過他非常大男人，又是個控制狂，而我非常愛好自由。他不能接受我跟任何朋友聊天（男女都不行），也不讓我自己出門，或是跟姊妹出門逛逛，我的世界只能有他，讓我很納悶！加上他很愛家，每次去他家我都要繃緊神經。

但撇開以上，他對我滿照顧的，只是最近他一直吵著要結婚，我很猶豫，我才二十初頭就要嫁了嗎？很多長輩都說再緩緩、幾年後再說，而他是希望我先跟他拚事業賺錢。我害怕拒絕會傷害到他，然而答應會折斷自己的翅膀。老師，很希望您能給我寶貴的意見，謝謝！

答：妳好！以下是我給妳的建議。

1 遠距戀愛，其實是幻想多於實際的人際關係。

2 愛情的天秤很難做到平等，但至少要對等，可以為對方付出奉獻，但無須犧牲，千萬不要為結婚而結婚，幸福不是由別人來決定的。

3 婚前，妳的世界若只能擁有他一個，那婚後妳就可能變成木乃伊。占有慾可以，但控制慾過強就是病態了。

4 如果家境是一窮二白，大家一起打拚、先苦後甘還有話說，既然對方家境不錯，還要求先苦後甘？若希望婚後勤儉持家還有道理，否則這個要求有點莫名其妙。因為沒有妳，他照樣可以為事業打拚。在此提醒妳，女性經濟不能獨立，是很悲哀的。

5 長輩的規勸沒有錯，不能為了結婚而結婚，這種婚姻不見得會幸福。只要成年了，結婚年齡不是問題，慎重選擇結婚對象很重要。

加油並祝福！

年齡差距大，該接受這份感情嗎？

問：老師您好，冒昧請教老師，最近身邊遇到一個案例，女性四十六歲，男性二十八歲，彼此相差十八歲，他倆從未見面，但看過照片，半年來只靠Line和電話互動（一週約兩三次），談到的內容多數是營養健康及精神疾病方面的資訊。男方主動邀約見面好幾次，但都被女方婉拒，女方很坦白地告訴他，年齡上的差距是不被允許的，但男方回應自己不在意年齡問題，喜歡女方是因為談得來、個性好、很溫柔。女方也問過男方，是否曾找過年齡相仿的女性交往？男方回應，有追求過，但因不善表達，也不喜玩樂，所以都被拒絕，到目前為止沒有交過女朋友。其實女方對他有些心動，但她曾經歷過一段長達十一年的感情暴力，至今仍有餘悸。老師認為女方該接受這份追求嗎？

答：男大女小是傳統，對現代人而言，戀愛中的年齡距離都不是問題。但實際生活後，也可能會因價值觀不同而產生代溝，最重要的是，年長者常因生理狀態不安而自尋煩惱，這些因素都要考慮進去。只要不怕受傷，享受戀愛的幸福有何不可？但如果不願意，建議要快刀斬亂麻，還自己清靜。

男友與前妻的糾葛，我該如何自處？

問：老師您好，請老師給我意見。我男友年紀比我大十幾歲，離婚兩年多，育有一女，已上國中。男友跟前妻是因個性不合離婚，算是和平分手。我認識男友很長一段時間，後來才決定交往，他沒有不良嗜好，交往這段期間他對我真的很好，是讓我能放開心、認真交往的人。

男友的小孩出生後，前妻以照顧小孩為由，選擇辭去工作，避免常常要加班到晚上十點，忽略了孩子。離婚後，小孩基本上由前妻照顧，假日才去男友家，男友除了買一間房子讓前妻跟小孩住，每個月還要支付四萬元的贍養費，負擔相當大。男友的經濟只能算是小康，卻想一輩子彌補被孩子困住、無法工作的前妻，我不是很認同。前妻之所以辭去工作，照顧小孩或許是理由之一，但主要是因為工作吃力、經常要加班，何況如今孩子長大了，她理當可以出去找工作，卻仍對前夫表現出「我被孩子綁住了，無法工作，無法追求自己的人生」的狀態，讓自己理所當然地領著高額贍養費。

贍養費是義務，但也必須適可而止，怎能一輩子呢？我無法接受她一直依賴我男友，不但缺乏獨立的經濟能力，還讓我男友覺得是他虧欠她的——之前他們留學，男友家人還負擔了她的費用呢！我擔心這筆一輩子都付不完的贍養費會啃掉男友的養老本，也會侵蝕我和他往後的幸福，甚至一想到男友的未來不只有我一個人，便讓我很無力。

我的理想狀態是，彼此努力賺錢，過上好品質且健康的生活，偶爾出國旅遊，也希望他活久一點、陪我長一點。但一想到他背著的負擔，就讓我煩憂未來，也怕以後會為這種事爭吵。我應如何轉換心情呢？

答：由於男友與前妻的過去，妳並沒有直接參與，而未來也不是妳能全權掌控的，我認為妳有點杞人憂天了。如果妳在婚前有這麼多現實顧忌，婚後會更沒有安全感。伴侶不一定要結婚，活在當下、記憶美好也是幸福的一種。另外，也希望妳能體諒贍養費的事情，夫婦不合離婚，但仍是孩子的父母，做爸爸的想為女兒多付出，也是人之常情。

戀愛的快問快答

問：丈夫曾有外遇，如今想與我重修舊好，可是一想到他的背叛，我就無法忍受，也很沒面子。我很清楚我還愛著他，我該如何是好？

答：好馬固然可以不吃回頭草，但換個角度，「願回頭的馬可能是較安定的馬」。人非聖賢，孰能無過，給對方機會，就是給自己空間，愛不就是寬恕與包容嗎？請問面子一斤多少錢？幸福是主觀的感受，不用在乎他人的看法。

問：婚前老公對我溫柔體貼備至，婚後則嫌我囉嗦，請問這是不是有外遇的徵兆？

答：戀愛是激情，結婚是生活，沒有人有耐性對一個已熟悉的伴侶持續裝模作樣或刻意討好。平凡的婚姻在於自在，妳別太多心，自己嚇自己，最好先把感受和丈夫溝通後再下定論。

問：我只是個打工族，領固定薪水，可是女友老嫌我賺的錢不夠讓她買名牌包，讓她在姊妹淘前沒面子。我很愛她，卻也怕她，怎麼辦？

答：你愛你女友，但女友卻更愛包，想想自己不如個皮包，這段感情要慎重了。

問：我交往一年多的男朋友，至今還在跟他的前女友聯絡，我該怎麼辦？

答：可以將妳不安的心情告訴對方，並要求他尊重妳的感受。如果他想要腳踏兩條船，那就要看妳是否有快刀斬亂麻的勇氣了。

問：我只是剛過三十歲，我父母就緊張我嫁不出去，將來老了會無依無靠，一直催我結婚，煩死了，怎麼辦？

答：天下父母心都一樣，用意良好，但方法令人無法苟同。如果你們住在同一個屋簷下，盡量不要起衝突，最好採賴皮策略如：「媽說得好，我一定會加油去找對象的！」或是「人家我捨不得嫁，要陪在爸媽身邊孝順您們嘛！」再不行，恐怕只有搬家了。

問：我的男友只要一見面就想做愛，好像我們之間只剩下性慾。我不知道他到底愛不愛我？

答：那就久久見一次看看，就怕受不了的是妳呀！

問：您認為男女朋友認識多久才可以親熱？接吻噁不噁心？

答：當你們兩人都覺得有需要時自然就會接吻。看別人接吻是種刺激，自己接吻則是種享受！

問：您曾經談過戀愛嗎？

答：難道我三個兒女是天上掉下來的禮物？他們是人工製造的！柏拉圖式的愛情是很少開花又結果的，戀愛非年輕人的專利，何況我也曾年輕過！

問：為什麼會用「女人心海底針」來形容女人難以捉摸？

答：大哉問呀，回去問你爸和恁阿公就有答案了！

問：您認為談戀愛時，什麼是最重要的？

答：戀愛時，什麼事都以滿足及討好對方需求為最重要，但這也是成功與失敗的原因所在，因為很可能會失去自我。

問：我男友很愛打電玩，屢勸不聽，連我們在一起時他都在打，有時真想把他的電腦砸爛算了！

答：如果是我，我也會喜歡電玩，因為它是妳男友可以掌握的玩伴，而妳卻愈來愈像他媽，嘮叨個不停，換成妳，妳選誰？

問：我女友很漂亮，認識的人都羨慕我的幸運，可是她脾氣大又愛花錢，光買名牌包送她、請她出國旅行，這一年我就花掉上百萬。但她好像還不感動，經常威脅要分手，請問我要怎麼辦才好？

答：美麗、英俊都可加分給予優待，但非特權，更不可恃寵而驕，當成威脅他人就範的武器。每個人都有發牌的權利，就看智慧如何成局。愛情總是成就在「一個願打、一個願挨」的前提下，你不妨把一百萬分成三等分，一份孝敬父母，一份做公益，一份留給她花，如果一切都ＯＫ，那你就找到真愛了！

問：我愛上了我辦公室的主管，但他已有妻小，我該怎麼辦？

答：立刻遞上辭職書，愈快愈好！

問：我是三十好幾的熟女，很害怕再不結婚，就生不出小孩了？

答：老蚌生珠更值得喝采，天下孤兒何其多，別怕無娘可當！

問：什麼樣的男人或女人是好的？

答：世上無完人，我媽、你媽和他媽都說她是好的，大概就差不遠了！

問：我不敢談戀愛，因為怕失戀。

答：害怕是生命的動力，自己嚇自己則易錯過。

::人生相談室::黃越綏特別開講Q&A

PART 9

親子溝通零障礙

兒子學習態度差，我也動怒了，到底該怎麼辦？

問：老師您好，兒子目前上國中，我正在教他數學，但他的態度常常無所謂，氣到我把數學課本、手機丟到他身上。我知道我太衝動，也告訴兒子如果你是這種學習態度，請不要來問我，自己解決。兒子也嗆我，恨我這樣教他功課。我是單親媽媽，他其實是個不錯的兒子，會幫我分擔家務，只是兒子說恨我，我的心好痛，孩子可以因為功課的磨擦而說出恨？很苦惱該如何解決問題？

答：妳好，請記住，「別人的態度往往是自己引導的」。孩子可能不是真心恨妳，而是對妳教他的態度產生情緒反彈罷了，對妳的暴力行為，他也只能用「恨」字來宣洩。單親媽媽不是缺乏耐性的藉口，更不可做不良示範（丟書本、甩手機），什麼樣的母親就會教出什麼樣的兒子，將來他對待弟弟也會仿效妳的態度。

找個地方像餐廳、公園等，單獨與他好好溝通，共同尋找出他想學習的方法，不要一見面就是訓話，喜歡說教的長輩或長官最令人生厭了，發揮一下幽默感。也恭喜妳有個貼心懂事的孩子，加油！人非聖賢，孰能無過，知過能改好父母也。

孩子有異狀時該如何是好？

問：當父母發現孩子有異狀時，怎麼處理才是最佳選擇呢？

答：你好！以下是我給你的建議。

1 在青少年時期，孩子最容易出現的問題包括抽煙、打電玩、蹺課、偷竊、飆車、逃家、打群架等。請父母控制自己的負面情緒，也不要過於權威性地掌控一切，不妨先冷靜按兵不動，暗中觀察與密切蒐證。

2 要進行溝通時，不用特別擇日看風水，最好是選在子女心情好或較為平和時，為達效果，切忌在他們憤怒、生病、疲憊時攤牌。

3 盡量以同理心對待，專注傾聽，是親子溝通（包括夫妻）成功的要件。在好言相勸的過程中，盡量不要去批判其同學或朋友，因為青少年的心智尚未健全，其價值觀往往來自同儕間的認同。姑且不論事實對錯，但過分責難同儕的話，只會讓子女覺得自己被否定，情緒更加反彈。

4 溝通及協議的結果，一定要以能夠達成共識為前提，不要指望能一蹴即成。最好由子女自己做出承諾，並訂下改善的時間表。

5 對於子女願意打開心扉及合作的態度，家長要表示肯定及感動之意。

浪子回頭的孩子

問：有見過或輔導過浪子回頭的成功案例嗎？

答：我曾經輔導過一位被學校記過退學的高中生，他因逃家、偷竊、飆車、打群架而被送進少年觀護所。原來他的生活一直很不愉快，父母均是高學歷的知識分子，兄姊也都是就讀國立大學，唯獨他對課業無感，反而對機械拆裝特別感興趣。他的喜好卻被父母忽略，而主觀認為他就是個製造麻煩的頭痛人物，拒絕了解他真正的想法。

經分析及多次輔導後，父母終於認同「樂在工作中」的觀點，不逼他考大學，讓他進職專。他也與父母約法三章，承諾從此改去惡習。幾年後他順利畢業，直接應徵進入台灣某大機械工廠當學徒，不久就因表現優異而升等。後來他自己陸續發明設計的機械設備，更代表企業及個人數度榮獲國際獎項。

青少年教養的建議

問：對於父母如何與青少年子女相處，您有哪些建議？

答：你好，以下是我的建議。

1 父母管教子女的態度和方式，應隨子女的年齡同步成長。

2 試著與青少年子女當「朋友」，才能多了解他們內心真正的想法。

3 盡量不要拿子女的個人表現與手足、親朋好友的子女做比較。

4 用同理心、理性溝通取代嚴苛或暴力的責備，尤忌翻舊帳和嘮叨

（至少可避免他們產生逃家的動機）。要相信他們有成長、進步的能力。

5 父母不要吝於認錯或道歉，這也是提供子女學習自我反省的身教機會。

6 做個點燈的父母親，對子女永不放棄，並提供一個有愛、有溫暖的家。

7 當叛逆的子女願意做回自己時，父母要誠懇地表達感動和欣慰。

孩子好像交了壞朋友，我該怎麼辦？

問：黃老師您好，再次叨擾您，近日為了教養問題深感煩心，不知您是否能撥冗給我一些建議？我女兒目前小六，因為是獨生女，所以對朋友比較依賴與重視。大約五年級開始，我知道她跟班上某個女生很要好，但漸漸發現她有時會慫恿女兒做些投機取巧或惡作劇的事，我常告訴女兒要慎選朋友，也提醒她要懂得拒絕，但效果不彰。上週她瞞著我帶手機去學校（學校不希望學生帶手機），被我發現後，她說是那位朋友叫她帶去的。我瞬間理智斷線，除了斥責她，也要求她轉班。我知道我的處理方式不好，但實在不知該如何讓她了解這種朋友並不是真正的好朋友，也不懂該如何讓她學會判斷，不要一味聽朋友的話。不知老師是否遇過這類個案，可以給我一些建議嗎？謝謝您！

答：您好，女兒在這個年紀會有這樣的人際關係，實屬正常。進入青少年階段，同儕的影響漸漸取代父母，因為同儕似乎比只會嘮叨的父母更了解自己。老師和妳「不希望」帶手機到學校，並不代表「嚴禁」或「犯法」，而投機取巧或惡作劇也無傷大雅。我從小到大，都是調皮搗蛋分子，長大後不也成為人師，還做了國策顧問？套句我的格言：「人活著，就只為了講故事。」給孩子冒險成長的機會，別太緊張，更用不著威脅，否則逼急了，女兒哪天跟同學或男人跑了，反而欲哭無淚。加油並祝福！

孩子上高職後開始與我疏離，且好像變壞了，該怎麼辦？

問：黃老師您好，有個問題深深地困擾我。我的大女兒原本是個很單純開朗的女孩，跟我的關係也算親密，在學校遇到什麼事都會跟我聊。但自從上了國中交到壞朋友後，個性大變，雖然對朋友很講義氣，但也變得很會說謊、物慾很強、會跟同學比較。我以為上了高職後，她會成熟一點，沒想到她卻開始上網交網友，跟網友的對話百無禁忌，還想約陌生網友出去玩，物慾也更強了，常常網購買東西，最近居然還偷我的錢。這些轉變都讓我難以接受。

我們有三個小孩，對孩子的管教方式一直是愛的教育，絕不體罰，假日有空也常帶小朋友出去玩。我女兒小時候人緣不太好，朋友很少，我知道她很需要朋友，以前會鼓勵她帶朋友到家裡玩，也不會阻止她跟朋友出去，但為了保護她，我們規定她高中不能交男朋友，給她的生活費也是剛好足夠，如有需要買額外的東西，可以找我們商量。即使我們在教育上用心良苦，她還是聽不進我們的勸。為了交到男朋友，她在網路上認識男網友，有時會自拍性感照傳給對方看，甚至翹家只為了和對方見面。又為了買衣服、包包、化妝品，她想去打工，卻無法兼顧學業，好幾個科目都不及格，我現在對她的最低要求，只希望她至少能撐到畢業。

我們試過很多方式溝通都無效，甚至讓她變本加厲，我心力憔悴，十分無助，覺得我們的教育好失敗，最近真的快瘋了。很需要老師的建議，無論如何，在此先謝謝老師了！

答：您好，孩子隨著年齡的增長，角色也會隨之改變。小時對父母較為信賴，進入青少年期後，則需要同儕的友誼與認同，反而不希望父母給予太多關注（嘮叨或叮嚀）。若父母仍像幼兒一樣地管教和掌控他們，只會惹來孩子的不耐、反感、逃避，甚至故意唱反調。因此建議：

1 不要把她當犯人，阻止她上網或沒收她手機，都沒意義。

2 不要批評她的朋友或同學，會適得其反，把孩子往外推。

3 打工不是壞事，休學也不丟臉，但要求至少畢業是ＯＫ的。

4 當她開始重視外表或其他飾品時，就是吾家有女初長成了，她可能有心儀、暗戀的對象，或已在談戀愛，這時最重要的是教導她正確的性觀念知識，讓她理解懂得愛自己，別人才會重視她。孩子長大了，要顧及他們的自尊與感受，不妨多給予信任和自由的空間，盡可能規勸，而非痛斥或暴力相向。

5 不用太緊張，也無須放棄。青春只有一次，年輕懵懂無知，犯了錯才有成長和進步的空間。子女的人生，父母只能引導，無法替代他們。當妳什麼事都不做時，或許不久就會柳暗花明又一村。

6 建議改用留言或簡訊的方式溝通，可減少彼此的衝突，也避免造成其他手足間的矛盾。加油並祝福！

親子間的快問快答

問：我是國中生，父母很喜歡進我房間偷窺和檢查我的隱私，我該怎麼辦？

答：在房門口貼上「父母與寵物勿進」或「偷窺隱私是不道德的行為」等標籤即可，在尚無經濟能力自立的前提下，在忍耐中學習幽默也不錯。

問：我要養寵物，但我媽鼻子過敏，不讓我養。虧她還口口聲聲說愛我，您認為我該用什麼方法來說服我媽？

答：我小女兒也很想養寵物，而我鼻子雖不像妳媽那麼敏感，但我仍對我女兒說：「在咱家只能養一隻寵物，妳和小狗之間選一隻吧！」我女兒只好選她自己了。別忘了在妳媽屋簷下她最大，等妳有天搬出去後再自己開個動物園吧！

黃越綏作品集

黃越綏的解憂攻略
換角度看人生，轉個念心境開

作　　者——黃越綏
發 行 人——王春申
總 編 輯——張曉蕊
責任編輯——鄭　莛
美術設計——江孟達工作室
行　　銷——劉艾琳、蔣汶耕
業務組長——王建棠
影音組長——謝宜華

出版發行——臺灣商務印書館股份有限公司
23141 新北市新店區民權路 108-3 號 5 樓（同門市地址）
電話（02）8667-3712　傳真（02）8667-3709
讀者服務專線 0800056196
郵撥 0000165-1
E-mail ecptw@cptw.com.tw
網路書店網址 www.cptw.com.tw
Facebook facebook.com.tw/ecptw

局版北市業字第 993 號
初　　版——2019 年 11 月
初版7.9刷——2024 年 3 月
印　　刷——沈氏藝術印刷股份有限公司
定　　價——新台幣 340 元
法律顧問——何一芃律師事務所

國家圖書館出版品預行編目（CIP）資料

黃越綏的解憂攻略：換角度看人生，轉個念心境開
／黃越綏 著. -- 初版. -- 臺北市：臺灣商務，2019.10
288 面；14.8×21 公分. --（黃越綏作品集）
ISBN 978-957-05-3235-7（平裝）
1. 人生哲學　2. 通俗作品
191.9　　108015176